lang auf der Brücke stehen. Das ist mir der liebste Platz im Städtchen! *Hermann Hesse*

In Büchern liegt die Seele aller gewesenen Zeit.

Thomas Carlyle

Wir wünschen Freude beim Erforschen einer Seite der gewesenen Zeit und vielleicht die eine oder andere (Neu)Entdeckung!

Barbara Bross-Winkler
&
Paramjeet P. Hill.

Mit freundlicher Unterstützung von:

Vorwort

Hermann Hesse, in Calw geborener Literaturnobelpreisträger, ein Schriftsteller, der in die Welt zog, ohne seine Herkunft je zu vergessen, und den die Welt bis heute schätzt und bewundert. Und Christian Wagner aus Warmbronn. Ein Dichter, dessen Geist weit über das kleine, nicht weit von Calw gelegene Heimatdorf, das er nie verließ, hinausgriff. Ihm blieben Anerkennung und Erfolg ein Leben lang weitgehend verwehrt. Heute allerdings darf er sich großer Wertschätzung erfreuen.

Es mag überraschen, dass Hesse und Wagner – der immerhin 42 Jahre älter war als Hesse – bei allen lebensgeschichtlichen Unterschieden Seelenverwandte waren. Im Denken und Schreiben. Das wurde nicht zuletzt deutlich, als Hermann Hesse – der virtuos im Literaturbetrieb agierte – sich dafür einsetzte, dass Christian Wagner die ihm gebührende Aufmerksamkeit noch zu Lebzeiten erhielt. Die im vorliegenden Buch abgedruckten Briefe zeugen davon.

Die gegenseitige Wertschätzung der beiden Dichter war groß. Sie beruhte nicht zuletzt auf deren tiefem Respekt dem Leben, dem ewigen Kreislauf der Natur, dem Werden, Vergehen und Wiedererstehen gegenüber. Aber auch darauf, dass beide zeitlebens bewegt waren von der Suche nach dem tieferen Sinn menschlicher Existenz. Die hier gegenübergestellten Gedichte Hesses und Wagners belegen dies eindrucksvoll.

Ich danke Paramjeet S. Gill und Barbara Bross-Winkler sehr herzlich dafür, dass sie auf so berührende Weise die ungewöhnliche Beziehung zwischen diesen beiden eigentlich gar nicht so unterschiedlichen Dichtern mit schwäbischen Wurzeln, in Calw und Warmbronn, sichtbar gemacht haben. Ich wünsche dem Buch die weite Verbreitung, die es verdient.

Ralf Eggert
Oberbürgermeister Calw

Fast 20 Jahre wohnt der Fotograf Paramjeet S. Gill in Warmbronn. Und insbesondere in den letzten Jahren hat ihn in besonderer Weise das Werk Christian Wagners berührt. Nunmehr hat er sich gemeinsam mit der Journalistin Barbara Bross-Winkler aufgemacht, besondere Bezüge darzustellen. Wie bereits beim „Lauschprojekt" der Christian-Wagner-Gesellschaft hörbar, hatte Hermann Hesse Respekt und Zuneigung für das Schaffen von Christian Wagner. Und beide - Hesse und Wagner - waren vom Gedanken des ewigen Kreislaufs und damit von fernöstlichen Gedankengängen inspiriert.

Von daher ist es wie eine Umkehrung der Morgenlandfahrt Hermann Hesses. Nicht der im Abendland Wohnende geht in das Morgenland, sondern der aus dem Morgenland kommende Fotograf Paramjeet S. Gill verknüpft die Werke Hesses und Wagners mit seinen Fotografien, den Gedanken einiger Hesse-Kenner und Gedichten beider Dichter, die Frau Bross-Winkler ausgewählt hat, eine Journalistin, die in besonderer Weise der Natur verbunden ist.

Ich wünsche allen beim Betrachten der Bilder und dem Blättern in dem vorliegenden Werk Inspiration und eine gute Zeit.

Bernhard Schuler
Oberbürgermeister Leonberg

Literatur, die ins Leben wirkt

*Barbara Bross-Winkler
Hat Russisch und Sport studiert, war dann Tageszeitungsredakteurin bei der Leonberger Kreiszeitung. Seit 2001 arbeitet sie als freie Journalistin und Gartenkolumnistin.*

„Gibt es nicht schon Literaturen genug?", könnte man in Abwandlung eines Wagner-Satzes fragen. Genügend schön gestaltete, fundierte Bücher über Hermann Hesse, den gärtnernden Dichter und Christian Wagner, den dichtenden Bauern? Ist nicht längst alles geschrieben, was zu schreiben wäre, alles illustriert, was man illustrieren kann? Die Antwort, ein Nein, liegt vor uns.

Wer einen Stein ins Wasser wirft verändert das Meer, heißt es. Einen großen Stein geworfen haben Hesse und Wagner. Ihre Werke haben zahllose Menschen berührt und begleitet: Der Stein hat immer größere Kreise gezogen. Christian Wagner und Hermann Hesse, ihre Werke, ihr Leben und ihre Philosophie, haben auch uns inspiriert und so nachhaltig beeindruckt, dass wir es wagen wollten, einen eigenen bescheidenen Stein ins Wasser zu werfen.

Paramjeet S. Gill, ein fotografierender Inder, hat mich, eine gärtnernde Schwäbin gefragt, ob ich ihn bei der Textarbeit an dem von ihm geplanten und konzipierten Buch unterstützen wolle. Mit seinen Ausstellungen, Foto- und Buchprojekten will er seine große Dankbarkeit Warmbronn, der zweiten Heimat gegenüber ausdrücken. Seit vielen Jahren schon beschäftigt er sich mit Christian Wagners Werk und er hat bereits 2012 ein Buch mit Warmbronn-Fotografien und mit Gedichten von Christian Wagner veröffentlicht.

Bei unserer gemeinsamen Arbeit nun haben wir beide festgestellt, wie viele Menschen schon kleine und große Steine ins Wasser geworfen haben und wie häufig sich die dabei entstehenden Kreise wiederum berühren und einander verändern. Am Christian-Wagner-Brunnen des berühmten Architekten Frei Otto lassen sich die Warmbronner gern nieder. Die Schönheit des Bauerngartens hinter Wagners Wohnhaus ist der Pflege von Ortrun Kollmann und anderen Helfern zu verdanken. Dass es ein Museum im Christian-Wagner-Haus gibt und es nicht abgerissen wurde, dem Engagement zahlloser Aktiver,

darunter Karl Kollmann. Aber auch das kleine Wörtchen „Ha", das im Wagner-Gedicht *Syringen* mal da und mal weg ist, findet dank Harald Hepfer gebührende Beachtung.

Herbert Schnierle-Lutz, der als Hesse-Spezialist auch Teil der Udo-Lindenberg-Stiftung ist, konstatiert meiner Ansicht nach ganz richtig, „dass derjenige, der Hesse liebt, auch den unbekannteren Christian Wagner achten und lieben wird, sobald er ihn entdeckt." Und Eva Eberwein, die den Gaienhofener Garten von Hermann Hesse in jahrelanger Arbeit restauriert und vor der Zerstörung bewahrt hat, erzählt von den Nachtviolensamen aus Wagners Gärtlein, die nun bei ihr in Gaienhofen blühen. So schließt sich mancher Kreis.

Meine eigene erste „Begegnung" mit Hermann Hesse liegt lange zurück. In den 1970er Jahren hatte ich mir den *Steppenwolf* ausgeliehen. Und ihn ein paar Wochen später wieder zurückgebracht. Angelesen, aber nicht zu Ende gelesen. Zu schwierig für mich als Teenager. Zu phantastisch, zu wild, zu intellektuell... oder einfach das falsche Buch zur falschen Zeit? Einmal abgesehen von seinem Gedicht *Stufen* habe ich viele Jahre lang kaum etwas von ihm gelesen.

Überhaupt waren Gedichte lange Zeit ein schwieriges Terrain, sozusagen Terra incognita. Wie vielen anderen auch, hatte der Deutschunterricht mir diesen Zweig der Literatur gründlich verdorben. Jedes Komma in Gedichten, so schien es mir, war es wert, promoviert zu werden. Erste Risse bekam diese Ansicht während meines Russischstudiums. Das Geheimnis einer anderen Sprache im Verbund mit dem für mich wunderschönen Klang machte Lyrik für mich plötzlich lesenswert.

Wo Hesse für mich zu früh kam, hätte ich Wagner gern ein wenig früher kennengelernt. Zu ihm kam ich 2009 über die Gedichte der Christian-Wagner-Preisträgerin des Jahres 2004, Dorothea Grünzweig. An ihrer zarten Wortkunst gefielen mir archaisch anmutende Sprachbilder und die Selbstverständlichkeit, mit der die aus Korntal stammende und nach Finnland gezogene Lyrikerin sinnlich-wohlklingende finnische Einsprengsel einflocht, die man als Leser oder Hörer auf eine ganz eigene, fast musikalische Art verstehen konnte.

Wirklich verbunden fühle ich mich dem Menschen und Dichter Christian Wagner seit dem Frühjahr 2012. Alfred Rösner und Harald Hepfer hatten zu einer Radtour auf seinen Spuren eingeladen. Wie modern schien mir sein Denken. Wie gut konnte er seine Liebe zur Natur in Worte fassen. Wie überrascht war ich zu lesen, dass ein armer Bauer, der vor bald 100 Jahren gestorben ist, zu so revolutionären, religionskritischen und eigenwilligen Gedanken fähig war und sich nicht davon beirren ließ, dass man ihn in seinem Dorf belächelte.

Seither denke ich oft an Christian Wagner. Wenn ich vom Rappenhof oder von der Feinau hinunter auf die vollen Straßen schaue, frage ich mich, was der Warmbronner Dichter, der die Region wie seine Westentasche kannte und liebte, angesichts dieses Anblicks fühlen würde. Wenn ich in meinem Garten unwirsch zu Nacktschnecken und Buchsbaumzünslern bin, formuliert mein schlechtes Gewissen Sätze, die ich Wagner zu meiner Rechtfertigung gen Himmel schicke. Wenn ich voller Dankbarkeit meine beiden gesunden und groß gewordenen Kinder betrachte, denke ich an das Leid, das er mit dem Tod seiner vier Kinder und seiner Frau erlitten und erduldet hat.

Hermann Hesse ist mir im heißen Sommers 2016 durch die Arbeit an unserem Buch näher gekommen. Aus Hunderten von Gedichten habe ich einige wenige ausgesucht, die mir geeignet schienen, sie Zeilen von Chris-

tian Wagner gegenüberzustellen. Es sind Zeilen über die verlorene Jugend, den Frieden, die Jahreszeiten, die Heimat und die geliebte Natur.

Was wir als gute und was als schlechte Literatur empfinden, das hängt in starkem Maß auch von unserer Welterfahrung ab, unseren persönlichen Leseerfahrungen, unserer Bildung, unseren Werten. In mir haben Hermann Hesse und Christian Wagner viele Saiten zum Klingen gebracht. Warum, das kann ich mit Worten von Hesse sagen, die er im März 1961 an Charlotte Bodmer schrieb: „Letzten Endes muss alle Kunst, und namentlich die Dichtung, ihre Daseinsberechtigung daran erweisen, dass sie nicht nur Vergnügen macht, sondern auch direkt ins Leben wirkt, als Trost, als Klärung, als Mahnung, als Hilfe und Stärkung beim Bestehen des Lebens und beim Überwinden des Schweren."

Ich freue mich auf viele weitere Akkorde, Melodien, Einsichten und Erkenntnisse durch die Lektüre der Werke von Christian Wagner und Hermann Hesse und wünsche das auch allen anderen Lesern.

PS: Wir haben bei den Gedichten die Orthografie so übernommen wie wir sie in unseren Quellen vorgefunden haben. Daher steht mal „dass", mal „daß" etc.

Calw – Spuren des Steppenwolf

„Zwischen Bremen und Neapel, zwischen Wien und Singapur habe ich manche hübsche Stadt gesehen, Städte am Meer und Städte hoch auf Bergen, und aus manchem Brunnen habe ich als Pilger einen Trunk getan, aus dem mir später das süße Gift des Heimwehs wurde. Die schönste Stadt von allen aber, die ich kenne, ist Calw an der Nagold, ein kleines, altes, schwäbisches Schwarzwaldstädtchen." 1918 hat Hermann Hesse seiner Heimatstadt im Schwarzwald diese Liebeserklärung gemacht.

Wer sich heute in dem mit 200 denkmalgeschützten Häusern gesegneten Fachwerkstädtchen auf die Suche nach Spuren des *Steppenwolf* macht, wird unschwer und vielfach fündig. Beispielsweise am Marktplatz 6, dem Geburtshaus Hesses. Oder in der Inselgasse, die in der Erzählung *Hans Dierlamms*

Lehrzeit eine Rolle spielt. Oder im Brühlpark, dem Spiel- und Festgelände der Stadt, das mit einer Zirkusvorstellung in Hesses Erzählung *Schön ist die Jugend* geschildert wird. Den breitesten Einblick in Hesses Leben und Werk gibt aber das Hermann-Hesse-Museum am Marktplatz 30 in neun Räumen. Hier findet man neben Manuskripten, Zeichnungen, Aquarellen, Briefen, Kleidung und Mobiliar des Schriftstellers auch Erstausgaben, Fotografien, Malutensilien - und sogar Gartengeräte.

Hesse hat in Calw prägende Kinder- und Jugendjahre verbracht. Er schrieb dazu: „Es gibt nur diesen einen Ort auf der Erde, wo mir jeder winzigste Winkel ganze Scharen von lebendigen Erinnerungen entgegenwirft, wo jedes Plätzchen in jeder Gasse für mich etwas Erlebtes, Erobertes, Unverlierbares ist und noch einen Nachglanz jenes fabelhaften, reichen, leidenschaftlichen Lebens an sich trägt, das ich als Knabe hier gelebt habe."

In vielen seiner Texte taucht Calw als die Stadt „Gerbersau", die Aue der Gerber, auf, nach jenen Handwerkern, die hier einst an der Nagold ihrer Arbeit nachgingen. Beispielsweise in *Das Calwer Tagebuch*, *Unterm Rad*, *In einer kleinen Stadt, Die Heimkehr, Knulp*, oder *Demian*.

Calw mit seinen heute rund 23.000 Einwohnern ist auch bekannt für das von Calwer Grafen gestiftete Hirsauer Kloster, das im

Investiturstreit zwischen Papst und Kaiser eine wichtige Rolle spielte. Oder für die Aurelius-Sängerknaben, die zu den bekanntesten Knabenchören in Deutschland zählen.

Und doch ist und bleibt die Stadt an der Nagold vor allem die Hermann-Hesse-Stadt. Die lädt regelmäßig zu Veranstaltungen rund um den Dichter ein. Etwa den „Gerbersauer Lesesommer", der seit 13 Jahren alljährlich zwischen dem Geburtstag Hesses am 2. Juli und seinem Todestag am 9. August stattfindet. Oder zu Literarischen Spaziergängen. Zu dem von der Internationalen Hesse-Gesellschaft veranstalteten Hese-Kolloquium. Alle zwei Jahre wird zudem der Hermann-Hesse-Preis an eine deutschsprachige Literaturzeitschrift oder einen Übersetzer von Hesses Werken verliehen. Und schließlich gibt es noch alle zwei, in Zukunft alle drei Jahre, das vom Sänger Udo Lindenberg initiierte Hermann-Hesse-Festival samt der Verleihung des Panik-Preises für deutschsprachige Songtexte.

„Drei Figuren in Bewegung": Die Bronzeskulptur von Karl-Henning Seemann ist 1986 in der Marktstraße enthüllt worden. Rechts ist der Vagabund Knulp aus der gleichnamigen Gerbersauer Erzählung Hesses zu sehen. Erschaffen hat die am 8. Mai 2010 auf dem Sparkassenplatz enthüllte Figur der Bildhauer Friedhelm Zilly.

„Je mehr das Alter mich einspinnt, ... desto fester bewahren die Bilder, die ich von Calw und von Schwaben in mir trage, ihre Gültigkeit und Frische", hat Hesse über seine Heimatstadt geschrieben. „Wenn ich als Dichter vom Wald oder vom Fluß, vom Wiesental, vom Kastanienschatten oder Tannenduft spreche, so ist es der Wald um Calw, ist es die Calwer Nagold, sind es die Tannenwälder und die Kastanien von Calw, die gemeint sind, und auch Marktplatz, Brücke und Kapelle, Bischofstraße und Ledergasse, Brühl und Hirsauer Wiesenweg sind überall in meinen Büchern, auch in denen, die nicht ausdrücklich sich schwäbisch geben, wiederzuerkennen, denn all diese Bilder, und hundert andere, haben einst dem Knaben als Urbilder Hilfe geleistet, und nicht irgendeinem Begriff von „Vaterland", sondern eben diesen Bildern bin ich zeitlebens treu und dankbar geblieben; sie haben mich und mein Weltbild formen helfen, und sie leuchten mir heute noch inniger und schöner als je in der Jugendzeit."

Dieser Brunnen ist 1920 zum „Hermann-Hesse-Brunnen" umbenannt worden und steht an jenem Platz, der zu Hesses 70. Geburtstag 1947 nach dem Dichter benannt wurde. Der Schriftsteller war ein Jahr zuvor mit dem Literaturnobelpreis ausgezeichnet worden. Rechts die 2001 enthüllte Hermann-Hesse-Statue von Kurt Tassotti auf der Nikolausbrücke..

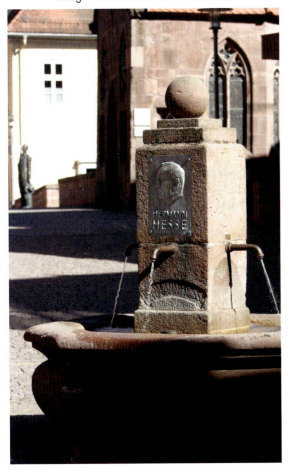

Calw

Der Hermann-Hesse-Weg führt vom Hermann-Hesse-Museum über den Marktplatz und die historische Innenstadt zum Stadtgarten. 37 Stelen geben in Bildern, Zitaten, Gedichten und Textausschnitten

Auskunft über Leben und Werk des Dichters. Von hier aus erreicht man auch den Panoramaweg, der hoch über die Altstadt führt und schöne Aussichten über Calw und das Nagoldtal bietet.

Calw

Impressionen aus der im Mittelalter bedeutenden Handelsstadt: In der Mitte ist das Haus Schütz am Marktplatz 30 zu sehen, in dem das Hesse-Museum untergebracht ist. Es beherbergt eine der umfangreichsten Sammlungen an Exponaten zu Leben und Werk des Schriftstellers.

Der Garten-Pavillon gehört zum einstigen Wohnhaus in der Lederstraße 38 (Alte Musikschule). Der verputzte Fachwerkbau mit offenem Untergeschoss aus Sandstein ist vor 1835 entstanden. Erbaut hat den Pavillon der damalige Chef der Calwer Holzhandelscompagnie Jakob Friedrich Stälin (1768 bis 1835).

Hermann Hesse

Christian Wagner

Warmbronn - ein idyllisches Dorf

„Warmbronn ward mir Geburtsort, Heim kaum. Geistig vereinsamt, / Sucht ich in Liedern mir Trost und Erhebung. Freudig besang ich / Halmflur, Wiese und Wald und den Berghang. Nun er zu End mein / Liedsang fehlt mir der Trost, und erschreckend geht es hinabwärts."

Eine Liebeserklärung an die Heimat klingt anders. Der Bauer und Dichter Christian Wagner hat von 1835 bis 1918 in Warmbronn gelebt, das heute ein Ortsteil von Leonberg ist. Hier ist er auch begraben.

Seiner näheren Umgebung galt der Dichter als Sonderling. Nur einige Kenner wussten ihn zu Lebzeiten zu schätzen. Darunter Hermann Hesse, dem Wagner 1909 in Marbach beim Schillerjubiläum begegnete, Kurt Tucholsky, Karl Kraus und Gustav Landauer, nach seinem Tod etwa Theodor Heuss, Hermann Lenz,

Ein Warmbronner Idyll: Die Alte Mosterei in der Christian-Wagner-Straße. Most wird hier nicht mehr produziert, aber manchmal getrunken. Die Mosterei ist auch ein Treffpunkt von Autoren und Künstlern. Auch Frei Otto kam gerne hierher.

Thomas Bernhard, Peter Handke und Wulf Kirsten. Erst wenige Jahre vor Wagners Tod konnte man in dem Dorf nicht mehr umhin, den eigenbrötlerischen kleinen Mann zu würdigen. Am 4. August 1915, einen Tag vor Wagners 80. Geburtstag, beschloss der Gemeinderat, den Dichter zum Ehrenbürger zu ernennen.

Wer heute durch Warmbronn spaziert, trifft immer wieder auf Spuren des Dichters: Viele Leonberger schätzen und pflegen das Erbe des Dichters in vielfältiger, engagierter Weise. Da ist sein Geburtshaus in der Christian-Wagner-Straße 3, in dem er sein ganzes Leben verbracht hat und das die 1972 gegründete Christian-Wagner-Gesellschaft vor dem Abriss bewahrt hat. Im Obergeschoss gibt es eine Dauerausstellung zu Leben und Werk Wagners sowie einen Vortragsraum für die von der CW-Gesellschaft veranstalteten Konzerte, Lesungen, Werkstattgespräche und Ausstellungen. Im Erdgeschoss kann man angesichts der bescheidenen Schlafkammer mit den Originalmöbeln des Dichters erahnen, welch karges Leben er geführt hat. Hinter dem Haus erinnert ein Bauerngarten an seine große Naturliebe. Außerdem können Lyrikfreunde vom Haus aus auf dem Christian-Wagner-Dichterpfad wandeln. Vorbei an elf Lesestationen mit seinen Gedichten geht es etwa zwei Stunden lang durch Wiesen und Wäldchen rund um den Ort. Auf diesem

Der kleine Warmbronner See am östlichen Ortsrand. Der Christian-Wagner-Dichterpfad führt hier entlang. Baden dürfen allerdings nur Enten, Frösche und andere Wassertiere.

Weg lassen sich Wagners Sonntagsgänge inmitten der Natur nachspüren, die in seinem Werk eine so große Rolle spielt. Mit einem vom Warmbronner Architekten Frei Otto entworfenen Brunnen wird im Ortskern an den Dichter erinnert. Hier findet am 5. August, Wagners Geburtstag, alljährlich ein literarisches Dorffest, die Brunnenhocketse, statt.

Und schließlich ist 1992 erstmals der von der CW-Gesellschaft gemeinsam mit der Stadt Leonberg und der Leonberger Bausparkasse begründete Christian-Wagner-Preis verliehen worden. Alle zwei Jahre wird dieser Literaturpreis an Dichter vergeben, die in ihrem Werk der Gedankenwelt Wagners nahestehen.

Warmbronn hatte 1835, als Wagner geboren wurde, 670 Einwohner, 1925, einige Jahre nach seinem Tod, nur noch 506. Im Sommer 2016 wurden in Warmbronn 4310 Einwohner gezählt. Seit 1975 gehört der Ort zu Leonberg. Er liegt zwischen Glemswald und Heckengäu und ist an drei Seiten von bewaldeten Hügeln umgeben. Der höchste ist der Warmbronner Kopf mit 517 Metern.

Das erste schriftliche Zeugnis zur Existenz von Warmbronn stammt aus der Zeit um 1100 nach Christus. Damals ging der Ort in den Besitz des Klosters Hirsau über. 1452 endete die klösterliche Herrschaft und Hirsau überließ alle Güter und Rechte im Ort den Grafen

Die ersten Sonnenstrahlen an einem Spätwintermorgen am Maisgraben, einem kleinen Bächlein. Die Warmbronner lieben Spaziergänge entlang des idyllischen Baches.

Eberhard und Ludwig von Württemberg. König Wilhelm hatte 1817 die Bauernbefreiung eingeleitet. Die Leibeigenschaft wurde aufgehoben. Doch die Armut blieb drückend. Da half es auch nicht viel, dass Mitte des Jahrhunderts viele Warmbronner Raukarden anbauten, die in der Textilindustrie zum Aufrauen von Stoffen verwendet wurden.

Dadurch kam mancher ins Geschäft mit Calwer Tuchscherern und Wagner schreibt: „Bis auf den ärmsten Taglöhner herab, der nur ein Äckerlein besaß, pflanzte alles Rauhkarden… Die Güterpreise schnellten um das Doppelte in die Höhe, die Goldstücke rugelten nur so zur Türe herein, und die Scheine flogen nur so über die Gasse." Prägender für das Leben war der Hunger, unter dem die Menschen oft zu leiden hatten. Zwischen 1830 und 1895 finden sich 46 Namen von Warmbronnern, die zumeist nach Nordamerika auswanderten. Zu ihnen gehörten auch Kinder der Familie Steinhilber, die vor lauter Hunger, wie Wagner schreibt, auch Maikäfer aßen.

„Kaum waren die Wiesen ein wenig grün, so suchten sie vor der Schule nach Sauerampfer und Guckelgauch (Wiesenbocksbart). Die Äpfel aßen sie, wenn noch der Butzen von der Blüte daran steckte…. Ebenso spürten sie den Kartoffelabfällen nach, ob nichts Eßbares mehr in den Schalen stecke."

Auf den Feldern Warmbronns wird noch heute viel Mais und Getreide angebaut. Raukarden, die früher zum Aufrauen von Stoffen angebaut wurden, wachsen heute höchstens noch wild.

Hermann Hesse – Dichter oder gar nichts

„Dichter der Seele", „Eremit im Tessin", „Zauberer von Montagnola" oder gar „der Weise aus den Schweizer Bergen" ist Hesse von seinen Verehrern genannt worden. Anderen indes galt und gilt er als altmodischer Kauz, Naturschwärmer und Esoteriker. Als wolkiger, gemütvoller Autor behäbiger Literatur ohne Formbewusstsein, dafür mit umso mehr heiligem Ernst angesichts der unsagbaren Schwere der menschlichen Existenz.

Und doch ist im Jahr 2000 Hesses Gedicht *Stufen* in einer Umfrage unter 3000 Hörern des Westdeutschen Rundfunks zum Lieblingsgedicht der Deutschen gekürt worden. Jene, die Hesse lieben, finden sich in seinen „Seelenbiografien" wieder. In seiner lebenslangen Suche nach dem Sinn des Lebens und seiner persönlichen Identität sehen sie sich gespiegelt mit ihren eigenen Fragen und finden Trost.

Hesse stammte aus einer gebildeten evangelischen Missionarsfamilie und wuchs in Calw und Basel auf. Seine Mutter, die in Indien geborene Tochter des Indologen Hermann Gundert, der später den Calwer Verlagsverein leitete, hatte vielfach im Briefen über ihren temperamentvollen, schwierigen und intelligenten Sohn geschrieben. Als rebellischer, depressiver 15-Jähriger wollte der „entweder Dichter oder gar nichts" werden. Er flüchtete aus dem Maulbronner Seminar und unternahm einen Selbstmordversuch.

Es folgten der Aufenthalt in einer Nervenheilanstalt, der Abbruch seines Schulbesuchs in Cannstatt und seiner ersten beiden Lehren als Buchhändler und Mechaniker. „Mehr als vier Jahre lang ging alles unweigerlich schief, was man mit mir unternehmen wollte, keine Schule wollte mich behalten, in keiner Lehre hielt ich es lange aus", erinnerte sich Hesse später. 1895 begann er eine zweite Buchhändlerlehre in Tübingen – und beendete sie auch.

Schon als Zehnjähriger hatte Hesse das Märchen *Die beiden Brüder* geschrieben, das 1951 veröffentlicht

*Hermann Hesse
Am 2. Juli 1877 in Calw geboren, am 9. August 1962 in Montagnola bei Lugano gestorben. 1946 wurde der Schriftsteller mit dem Nobelpreis für Literatur ausgezeichnet.*

wurde. 1898 erschien sein erster Gedichtband *Romantische Lieder*, ein Jahr später die Prosasammlung *Eine Stunde hinter Mitternacht*. Mit dem Roman *Peter Camenzind* gelang Hesse 1904 der literarische Durchbruch. Für den von Krisen und Selbstzweifeln geplagten Einzelgänger, der drei Mal heiratete, war Schreiben eine Methode zur Bewältigung seiner eigenen Konflikte, gewissermaßen eine Überlebensstrategie.

Der in seinen späten Jahren überaus zurückgezogen lebende Autor, der viel Zeit in seinem Garten verbrachte, sagte von sich, er sei „wenig lebenstüchtig und anpassungsfähig". Durch sein Elternhaus und seine Reisen war er aber offen für fremde Einflüsse und Kulturen sowie die toleranten Weltanschauungen der Buddhisten, Hinduisten und Konfuzianer.

1922 erschien *Siddhartha*, 1927 *Der Steppenwolf*, 1930 *Narziss und Goldmund* und 1943 *Das Glasperlenspiel*. Besonders die beiden erstgenannten führten in den USA zu einem Hesse-Boom in der jungen Blumenkinder-Generation, die gegen den Vietnam-Krieg protestierte. Selbstfindung, Sensibilität und Naturverbundenheit waren die Themen, die sie mit ihrem Guru Hermann Hesse verbanden. Eine amerikanische Rockband nannte sich „Steppenwolf", Andy Warhol malte den Schriftsteller als Pop-Helden und in den 1970-er Jahren wurden die Filme „Siddhartha" und „Steppenwolf" gedreht.

Die Welle schwappte zurück nach Deutschland. Unmittelbar nach Hesses Tod wurde sein Werk in einer Intensität wiederentdeckt, die in der Literaturgeschichte beispiellos ist. Auch zu Beginn dieses Jahrtausends ist der Schriftsteller, der in seinem Leben rund 44.000 Briefe, Tausende von Gedichten, Prosastücken, Kunstmärchen, Fabeln, Buchbesprechungen und Reiseberichten geschrieben und 4000 Aquarelle gemalt hat, einer der meistverkauften Autoren des deutschen Buchmarktes gewesen. Warum? Eine poetisch kurze Antwort darauf gibt der Schweizer Autor Adolf Muschg, der an einer Tankstelle in den USA einen Tankwart vertieft in ein Hesse-Buch vorfand. Der antwortete auf Muschgs Frage, was ihn an Hesse so fasziniere: „Because Hesse likes me" – weil Hesse mich mag.

Warmbronn

Dorfidylle: Die Warmbronner lieben ihre Heimat, auch wenn sich seit den Zeiten von Christian Wagner vieles verändert hat.

Geblieben sind die zauberhafte Umgebung, alte, schön renovierte Fachwerkhäuser und die Täufer-Johannes-Kirche.

Christian Wagner – Ein Heiliger des Lebens und ein Hohepriester des Schönen

Ein Urvater der Ökologiebewegung und des Tierschutzes, der Begründer einer ganz eigenen Naturethik. Ein Dichter, Bauer und Sonderling, bei dem alles mit allem verbunden ist. Die Warmbronner schätzen und pflegen „ihren" großen Dichter. Sie haben wie viele vor ihnen in seinen Lebenserinnerungen, den Geschichten aus der Jugendzeit, den „Sonntagsgängen" und all seinen anderen Werken etwas Unverfälschtes, Originelles und Seelenvolles entdeckt. Und sorgen dafür, dass er unvergessen bleibt.

Christian Wagner war das einzige Kind seiner Eltern. Der Vater, ein Schreiner, betrieb nebenher Landwirtschaft. Die Verhältnisse waren ärmlich. Umso bemerkenswerter, dass die Eltern ihren sensiblen, wissbegierigen Sohn zum Lehrer ausbilden lassen wollten. Aber der schmächtige Junge kehrte 1850 schon nach sechs Wochen wieder nach Hause zurück: Das Geld war knapp und er selbst schien körperlich nicht geeignet für diesen Beruf. Gemeinsam mit den Eltern ackert er auf den Feldern und verdient zusätzlich ein paar Groschen als Holzfäller und Tagelöhner. Er ist gern unterwegs in der Natur und die liebevolle Mutter hatt seine Lust am Fabulieren geweckt. Schulmeister Alberti hat dem Lesewütigen, der auch gern alleine durch die Natur streift, Bücher gegeben, darunter ein Botanik-Buch, das ihn mit der Warmbronner Flora vertraut macht.

Als Jugendlicher sammelt er, bis Ende der 1850er Jahre, Schmetterlinge. Auf dieses Tun schaut er später voller Reue zurück und wird bekannt für seine Überzeugung von einer beseelten Natur. Einer Natur, die in ihm die Ahnung geweckt hat, dass hinter ihrer sichtbaren Schönheit mehr steckt: eine Verbindung zu seinen Vorfahren, zu allem, was je gelebt hat. Alles Lebendige, Menschen, Tiere, aber auch Pflanzen, gelte es zu schonen. Man kann sich gut vorstellen, dass die Warmbronner Bauersleute den Kopf schüttelten darüber, dass er sich für den Erhalt eines Birkenwäldchens einsetzte und seine Tie-

Christian Wagner
Am 5. August 1835 in Warmbronn geboren, am 4. August 1915, zum Warmbronner Ehrenbürger ernannt, am 15. Februar 1918 gestorben.

re nicht an den Metzger verkaufte. Dass der Kauz auch noch mit Blumen sprach, ein Huhn seine Freundin nannte, kein Fleisch aß und kein Wirtshausgänger war, hat nicht dazu beigetragen, dass man Wagner in seinem Heimatort verstand.

1860 hat er sein erstes Gedicht, *Mutter am Ostertag*, geschrieben sowie die Erzählung *Schloß Glemseck, eine romantische Sage*. Sie wurde 1877 im Glems- und Filderboten abgedruckt. 1865 hat Christian Wagner die Warmbronnerin Anna Maria Glatzle geheiratet. Zwischen 1866 und 1870 musste er den Tod seiner Eltern, seiner vier Kinder und seiner Frau verkraften. Seine Trauer hat der Dichter in *Lieder des Leids* verarbeitet.

1871 heiratet Wagner seine Cousine Christiane Kienle. Von 1872 bis 1887 werden drei Töchter und ein Sohn geboren. Die jüngste Tochter, Luise Christiane, ist noch ein Kleinkind, als 1892 ihre Mutter stirbt. 1884 stellt Wagner Teile seiner bisherigen schriftstellerischen Arbeiten zu einem Werk zusammen, das unter dem Titel *Märchenerzähler, Bramine und Seher* bei einem Stuttgarter Verlag auf seine Kosten veröffentlicht wird. Das Buch ist überraschend erfolgreich und 1887 gibt es eine zweite Auflage unter dem Titel *Sonntagsgänge* und eine dritte, die um Märchen und Balladen erweitert wurde.

Wagners Ruf als Naturlyriker wächst und immer wieder erhält er Besuch von seinen Lesern sowie Spenden und „Ehrengaben". 1909 werden in Stuttgart zehn seiner Lieder aus *Ein Blumenstrauß* in einer Vertonung von Karl Bleyle uraufgeführt und 1910 verwandelt die Deutsche Schillerstiftung die bis dahin gewährte jährliche Pension in eine lebenslange Rente um.

Der Literaturhistoriker Richard Weltrich hatte recht, als er 1897 schrieb: „Aber das Wort der Verheißung, daß diejenigen, die erniedrigt sind, erhöht werden sollen, wird an diesem Bauern in Erfüllung gehen, und wenn die Spur seines Wirkens bis heute von der Menge nicht beachtet worden ist, so wird das einst anders sein. Ein Geschlecht wird kommen, das einen Seher in ihm verehrt, einen Förderer menschlicher Gesinnung und Gesittung, wie ihrer nicht viele sind, einen Heiligen des Lebens und einen Hohenpriester des Schönen."

Den Sinn erhält das Leben einzig durch die Liebe. Je mehr wir zu lieben und uns hinzugeben fähig sind, desto sinnvoller wird unser Leben.

Hermann Hesse

Jedes Wesen ist vor allem nur da, um sich seines Daseins zu freuen.

Christian Wagner

Warmbronner See

*Michael Broch,
Rundfunkpfarrer beim SWR, Sprecher des „Wort zum Sonntag" in der ARD, Mitglied der Europäischen Akademie der Wissenschaften und Künste, der Gesellschaft Katholischer Publizisten Deutschlands und der Christian-Wagner-Gesellschaft.*

Christian Wagner war Bauer und Dichter mit einem überaus religiösen Empfinden für die Natur. Dem Spott seiner Mitbürger ausgesetzt, suchte er schon sehr früh Trost in ihr. Daraus wuchs in ihm „tiefstes Mitleid mit der armen, zertretenen Tierwelt". Und er fühlte sich verpflichtet, sein Dichtertalent dem „Evangelium der Schonung alles Lebendigen" zu widmen.

Christian Wagner forderte eine „größere Wertschätzung des Lebens" gegen alle lebensfeindlichen Tendenzen. Wir müssten uns neu auf die Natur besinnen und ein neues Verhältnis zu ihr schaffen. Wir sollten uns dem Gottesgeist in der Natur aufschließen und erkennen, dass alle Wesen ein Recht auf Dasein und auf Daseinsfreude hätten.

Christian Wagner spricht sich sogar für die „Rechtsanerkennung von Pflanze und Tier" aus. Man höre und staune! Den Tierschutz als Staatsziel gesetzlich verankern – für eine solche Idee kämpfte der Dichter Christian Wagner schon vor mehr als 100 Jahren.

Warmbronn

Hermann Hesse über Christian Wagner (1912)

Zu ihm sprachen Blumen und Bäume,

ihn rührte der Frühling und der Herbst, ihn blickte überall die Heiligkeit und das Rätsel des Lebenden an. Und so kam der Bauer dazu, die Einheit alles Lebendigen zu fühlen,

ein Verkünder der Liebe

und der Schonung jeden Lebens zu werden und ganz von innen her eine

Weltanschauung zu finden, die mit der vedischen und buddhistischen eng verwandt ist. **Dabei dichtet er immerzu,**

dem Bedürfnis des Augenblickes nach, **Mythen in der Natur, er fühlt gestorbene Liebe** und abgewelkte Teile des Eigenen um sich in Luft und Wasser, in Blumen und Tieren, er lebt immer neu den innigen Zusammenhang aller Dinge.

Warmbronn

Der Christian-Wagner-Brunnen

Der weltbekannte Architekt und Pritzker-Preisträger Frei Otto (1925 - 2015) hat von 1969 bis zu seinem Tod in Warmbronn gelebt. Für seine langjährige Heimatgemeinde, in der auch seine letzte Ruhestätte liegt, hat er den Christian-Wagner-Brunnen entworfen.

„Wer in Warmbronn den Mittelpunkt sucht, der findet ihn an jenem Ort, an dem der alte Dorfbrunnen stand. Wer für Christian Wagner nach einem Symbol sucht, der findet den Baum. Wer seinem Wesen nachgräbt, findet seine Worte ‚Es gibt Sonnen genug'", schreibt Frei Otto über seine Arbeit. Diese Worte sind im Brunnenbecken zu finden.

„Worte in Wasser, das aus den Zweigen des Baumes zur dürstenden Erde hin tropft und einen Kreislauf schließt, dessen Beginn durch Wurzeln gezeigt ist. Der Baum ist ein bedeutungsvolles Lebewesen dieser Erde, mit Wurzeln, Stamm und Zweigen, gefüllt mit dem Lebenssaft Wasser. Die Skulptur über dem Brunnenrand ist Symbol der Natur, ist zugleich Technik im Dienst der Kunst. Wir suchen immer noch Wege zum Verständnis von Natur und Kunst. Wir beginnen zu spüren, dass sich die vermeintlichen Gegensätze auflösen, je weiter wir gehen."

Der Christian-Wagner-Brunnen ist am 9. September 1995 eingeweiht worden. Finanziert wurde das Bauwerk, an dem sich Mensch und Tier gern niederlassen, vom Gemeindeverein Warmbronn Natur und Technik sind hier symbolträchtig vereint: 114 Stangen und 19 Rohre aus nicht rostendem Edelstahl bilden den Brunnen in Form einer Baumskulptur. Der Baum versinnbildlicht den Kreislauf des Wassers von den Wurzeln bis zu den Zweigen. Die Rohre werden mit Trinkwasser gespeist, das aus den „Zweigen" des Baums tropft. Ein Rand aus Sandsteinblöcken umgibt den Brunnen und Bänke laden zum Verweilen ein. Hier wird alljährlich am 5. August, Christian Wagners Geburtstag, ein literarisches Dorffest gefeiert, die Brunnenhocketse.

Stufen

Wie jede Blüte welkt und jede Jugend
Dem Alter weicht, blüht jede Lebensstufe,
Blüht jede Weisheit auch und jede Tugend
Zu ihrer Zeit und darf nicht ewig dauern.
Es muß das Herz bei jedem Lebensrufe
Bereit zum Abschied sein und Neubeginne,
Um sich in Tapferkeit und ohne Trauern
In andre, neue Bindungen zu geben.
Und jedem Anfang wohnt ein Zauber inne,
Der uns beschützt und der uns hilft, zu leben.

Wir sollen heiter Raum um Raum durchschreiten,
An keinem wie an einer Heimat hängen,
Der Weltgeist will nicht fesseln uns und engen,
Er will uns Stuf' um Stufe heben, weiten.
Kaum sind wir heimisch einem Lebenskreise
Und traulich eingewohnt, so droht Erschlaffen,
Nur wer bereit zu Aufbruch ist und Reise,
Mag lähmender Gewöhnung sich entraffen.

Es wird vielleicht auch noch die Todesstunde
Uns neuen Räumen jung entgegen senden,
Des Lebens Ruf an uns wird niemals enden...
Wohlan denn, Herz, nimm Abschied und gesunde!

Hermann Hesse

Herbstlied

Wann die Blätter fallen
Von des Nordens Hauch,
Graue Nebel wallen
Überm Weidenstrauch:
Ist das müde Tosen
Und die öde Flur
Meines freudelosen
Herzens Abbild nur.

Wann die Vögel fliehen
Heim ins ferne Land,
Und in Scharen ziehen
Nach dem Meeresstrand:
Möcht ich auch enteilen
Dieser kalten Welt,
Nimmer hier verweilen
In der Fremde Zelt.

Wann die letzte Blüte
Matt ihr Köpfchen neigt,
Und im Waldgebiete
Längst schon alles schweigt:
Möchte ich fast beneiden
Dich um deine Ruh!
Waldesblume, scheiden
Möcht ich so wie du!

Christian Wagner

Erster Schnee

Alt geworden bist du, grünes Jahr,
Blickst schon welk und trägst schon Schnee im Haar,
Gehst schon müd und hast den Tod im Schritt -
Ich begleite dich, ich sterbe mit.

Zögernd geht das Herz den bangen Pfad,
Angstvoll schläft im Schnee die Wintersaat.
Wieviel Äste brach mir schon der Wind,
Deren Narben nun mein Panzer sind!
Wieviel bittre Tode starb ich schon!
Neugeburt war jedes Todes Lohn.

Sei willkommen, Tod, du dunkles Tor!
Jenseits läutet hell des Lebens Chor.

Hermann Hesse

Schlummerfrist

Lüft' mir den Vorhang, daß ich möge künden
Das Schicksal derer in den Schattengründen,
Der Tausenden, die täglich scheu und bang
Die stillen Todespfade gehn entlang:
Sie finden Ruhe in den stillen Hallen
Vom mühevollen bangen Erdenwallen,
Doch weil auf Erden alles endlich ist,
So muß auch enden ihre Schlummerfrist,
Wohl keine Nacht ist, die da ewig währet.

Wenn alles Alte längst vergessen ist,
In der Erinnrung alles ausgewischt,
All das Vergangne völlig aufgezehrt,
Dann kommt die Zeit, daß das was übrig ist,
Von Lenzgefühlen wundersam durchfrischt
Als neuer Keim ins Leben wiederkehret.

Christian Wagner

Zu Jugendbildnissen

So blickt aus sagenhafter Frühe
Mein Jugendbild mich an und fragt,
Ob von dem Licht, das einst getagt,
Noch etwas leuchte, etwas glühe.

Den damals ich vor mir gesehen,
Der Weg hat mir viel Pein und Nacht
Und bittre Wandlungen gebracht;
Ich möcht ihn nicht noch einmal gehen.

Doch ging ich meinen Weg in Treuen
Und halte sein Gedächtnis wert.
Viel war verfehlt, viel war verkehrt,
Und doch kann ich ihn nicht bereuen.

Hermann Hesse

Mein Jugendbild

Nirgends, nirgends auf der weiten Flur
Find ich von mir selber einer Spur;
Wäre doch mein einstig Jugendbild
Irgendwo zu finden im Gefild!

Wallfahrtgehen wollt ich nach dem Bild,
Wie ein Pilger nach dem Heilsgefild;
Wallfahrtgehen wollt ich auf der Spur
Nach der Kindheit Paradiesesflur.

Christian Wagner

Schmetterlinge im Spätsommer

Die Zeit der vielen Falter ist gekommen,
Im späten Phloxduft taumelt sacht ihr Tanz.
Sie kommen schweigend aus dem Blau geschwommen,
Der Admiral, der Fuchs, der Schwalbenschwanz,
Der Kaisermantel und Perlmutterfalter,
Der scheue Taubenschwanz, der rote Bär,
Der Trauermantel und der Distelfalter.
Kostbar an Farben, pelz- und samtbesetzt,
Juwelenschillernd schweben sie einher,
Prächtig und traurig, schweigsam und benommen,
Aus untergangner Märchenwelt gekommen,
Fremdlinge hier, noch honigtaubenetzt
Aus paradiesischen, arkadischen Auen,
Kurzlebige Gäste aus dem Morgenland,
Das wir im Traum, verlorene Heimat, schauen
Und dessen Geisterbotschaft wir vertrauen
Als eines edleren Daseins holdem Pfand.

Sinnbilder alles Schönen und Vergänglichen,
Des Allzuzarten und des Überschwenglichen,
Schwermütige und goldgeschmückte Gäste
An des betagten Sommerkönigs Feste!

Hermann Hesse

Oswald an Klara

Gott, wie oft im Lauf der Ewigkeiten
Mögen wir die Lüfte noch durchgleiten;

Bald als schlichte, fromme Wallfahrtsgänger,
Bald als hehre, gottgeweihte Sänger.

Heute arm in grauem Hausgewande,
Morgen reich in goldnem Farbenbrande,

Schweifend, schwebend über Fels und Klippe.
Hier gereiht der stolzen Schwanensippe,

Dort geschuppt im Kleid der Schmetterlinge,
Mit dem Goldsaum, mit der Pfauenschwinge.

Heute fern auf heilgem Ostlands Boden
Überschauend Tempel und Pagoden.

Morgen neu in Westlands Geißblattlauben
Liebestammelnd im Gewand der Tauben.

So von Süd nach Nord, von West nach Osten,
Möglichst viele Seligkeit zu kosten!

Christian Wagner

Warmbronn

Herbstbeginn

Der Herbst streut weiße Nebel aus,
Es kann nicht immer Sommer sein!
Der Abend lockt mit Lampenschein
Mich aus der Kühle früh ins Haus.

Bald stehen Baum und Garten leer,
Dann glüht nur noch der wilde Wein
Ums Haus, und bald verglüht auch der,
Es kann nicht immer Sommer sein.

Was mich zur Jugendzeit erfreut,
Es hat den alten frohen Schein
Nicht mehr und freut mich nimmer heut -
Es kann nicht immer Sommer sein.

O Liebe, wundersame Glut,
Die durch der Jahre Lust und Mühn
Mir immer hat gebrannt im Blut -
O Liebe, kannst auch du verglühn?

Hermann Hesse

Genesung

Und wenn im Reif die Herbstzeitlose steht,
Das Gras selbst graut, die letzten Blümlein blassen,
Der Rosenbusch schon voll Korallen weht,
Und von den Sängern ist die Flur verlassen,

Dann ist mirs wohl, die trunkne Seele bebt,
Nur Totes kann am Toten sich ergötzen.
Wann nichts mehr singt, nichts blüht, nichts grünt noch lebt,
So kann sie auch kein Jubel mehr verletzen.

Nein, nimmer, nimmer wird in deiner Kur,
O schöner Lenz, dein kranker Sohn gesunden.
Ists möglich, möglich je, so heilt ihn nur
Der wildumströmte Herbst von seinen Wunden.

Vermochte je der Lebenshauch des Mais
In Grün zu kleiden einen Granitfelsen?
Ein warmer Sonnenstrahl das tiefe Eis
Des todesstarren Nordens durchzuschmelzen?

Christian Wagner

November 1914

Wald läßt die Blätter sinken,
Talnebel hängen schwer,
Es hat der Strom kein Blinken,
Der Wald kein Rauschen mehr.

Da kommt der Sturm gepfiffen
Und schüttelt lichtes Haar
Und fegt mit festen Griffen
Das Land vom Nebel klar.

Er schont nicht Laub nicht Äste,
Nichts Hübsches ist ihm wert,
Der Vogel bangt im Neste,
Der Bauer friert am Herd.

Räum auf und brich in Scherben
Was nimmer halten mag,
Und reiß aus Nacht und Sterben
Empor den lichten Tag!

Hermann Hesse

Mein Lieblingsplatz

Süß ists, süß in deinem Schatten liegen,
Tannendickicht, und in durstgen Zügen
Einzuatmen deine Lebensluft. –
Und sich kühlen in den Bogengängen,
Wo die Amseln und die Drosseln singen,
Und der Kuckuck dort vom Waldsaum ruft.

Und zu schlafen hier, wie süß und labend!
Traute Stätte! Schlafen bis zum Abend,
Bis zum Morgen schlafen möcht ich hier. –
Und das träumen, das ich nie empfunden;
Arme Seele! Könntst du je gesunden,
So gesunden könntest du nur hier.

Wenn ich tot bin und an meinem Orte,
Dann wird durch des Totenreiches Pforte
Oft mein Geist entschlüpfen, hierher gehen.
Wenn du dann siehst einen Schatten schweben
Und im Streiflicht durch das Dunkel beben,
Dann, o Fremdling, hast du mich gesehn!

Christian Wagner

Calw

Fast die gesamte Innenstadt Calws steht unter Denkmalschutz. An diesem Gebäude aus dem Jahr 1694 in der Lederstraße 39 fällt ein großer Erker als plastisches Gestaltungselement besonders auf. Eine Fächerrosette ziert das Rundbogentor. Auch Verzierungen wie Konsölchenfriese, Eselsrücken und Balkenköpfe zeugen von einem wohlhabenden Erbauer.

Verwelkende Rosen

Möchten viele Seelen dies verstehen,
Möchten viele Liebende es lernen:
So am eigenen Dufte sich berauschen,
So verliebt dem Mörder Wind zu lauschen,
So in rosiges Blätterspiel verwehen,
Lächelnd sich vom Liebesmahl entfernen,
So den Abschied als ein Fest begehen,
So gelöst dem Leiblichen entsinken
Und wie einen Kuß den Tod zu trinken.

Hermann Hesse

Auf heiligen Pfaden

Wehmütig stimmt mich Pilgerchen der Wald:
Er noch so frisch, und sie gewelkt so bald.

Rotröslein ihr im schattigen Eichenhag:
Hinunter ist des Liebens seliger Tag!

Erdbeeren ihr im moosigen Föhrengrund:
Gott, modert nicht im Grab ihr süßer Mund?

Ihr Blümlein all so weiß, so blau, so rot!
Wie mögt ihr blühen, da die Liebste tot?

Christian Wagner

Friede

Jeder hat's gehabt,
Keiner hat's geschätzt,
Jeden hat der süße Quell gelabt,
O wie klingt der Name Friede jetzt!

Klingt so fern und zag,
Klingt so tränenschwer,
Keiner weiß und kennt den Tag,
Jeder sehnt ihn voll Verlangen her.

Sei willkommen einst,
Erste Friedensnacht,
Milder Stern, wenn endlich du erscheinst
Überm Feuerdampf der letzten Schlacht.

Dir entgegen blickt
Jede Nacht mein Traum,
Ungeduldig rege Hoffnung pflückt
Ahnend schon die goldne Frucht vom Baum.

Sei willkommen einst,
Wenn aus Blut und Not
Du am Erdenhimmel uns erscheinst,
Einer anderen Zukunft Morgenrot!

Hermann Hesse

Die Tage der Vollendung

Wann kommt der Freiheit Tag, das Morgenrot
Der bessern Zeiten, wo der Herrscher Tritte
Verklungen sind, wo kein Tyrann mehr droht
Noch Schweiß erpresst dem Armen in der Hütte?

Wann kommt der Freiheit Tag, wo kein Tyrann
In Fesseln legt der Denker kühnen Meister?
Wann kommt die Zeit? Wann bricht einmal der Bann,
Der wie ein Alp darniederhält die Geister?

Wann kommt der Friede, wo kein Schmerzensruf
Des Blutenden mehr ächzt vom Schlachtgefilde,
Noch Sterbende mehr stampft der Rosse Huf,
Noch Speere rasseln auf die Eisenschilde?

Wann kommt die Zeit, wo Feuerrohr und Schwert
Verschwinden werden aus der Menschheit Diensten?
Wo jedes Kriegsross wird zum Ackerpferd?
Groß jeder Geist nur in des Friedens Künsten?

Es sank die Nacht herab, ich lag und schlief,
Als eine Stimme sprach, so ernst, so milde:
„Steh auf und komm!" — Ich folgt dem, der mich rief
Hinaus ins Feld, hinaus ins Saatgefilde.

Aus tausend Stimmen klang es nach, es war
Als ob die Erde freudig drüber bebe,
Ein ferner Harfenklang, als ob die Schar
Der Weihnachtsboten nochmals niederschwebe.

Ich will es, dass dies Sehnen werd gestillt,
Dies Sehnen der Natur, du sollst es sehen,
Wie sich das große Weltenjahr erfüllt,
Und was zur Zeit der Reife soll geschehen.

Christian Wagner

Warmbronn

Schwarzwald

Seltsam schöne Hügelfluchten,
Dunkle Berge, helle Matten,
Rote Felsen, braune Schluchten,
Überflort von Tannenschatten!

Wenn darüber eines Turmes
Frommes Läuten mit dem Rauschen
Sich vermischt des Tannensturmes,
Kann ich lange Stunden lauschen.

Dann ergreift wie eine Sage,
Nächtlich am Kamin gelesen,
Das Gedächtnis mich der Tage,
Da ich hier zu Haus gewesen.

Da die Fernen edler, weicher,
Da die tannenforstbekränzten
Berge seliger und reicher
Mir im Knabenauge glänzten.

Hermann Hesse

Holderbaum

Was kündet dir von ihrem Baum Frau Holle?
Das reinste Glück klebt an der Heimat Scholle.

Aus diesem Baume sprechen deine Ahnen,
Sie wollen dich zum Bleiben hier gemahnen.

Dies Vaterhaus, von Holder übersponnen,
Wird bergen dir den reichsten Liebesbronnen.

Dies niedre Dach, verhängt von Blütendolden,
Gerät dir wohl zu einer Halle golden:

Denn nicht die Arbeit birgt sich drin von heute,
Auch des Vergangnen ferne Siegesbeute;

Es haust ein Ahnherr drin, ein grauer Alter,
Es wohnen Geister drin als Hausverwalter.

Was das Geschlecht zusammen sich gewoben,
Dir, ihrem Enkel, ist es aufgehoben.

Christian Wagner

Gärtner träumt

Was hat die Traumfee in der Wunderbüchse?
Vor allem ein Gebirg von bestem Mist!
Dann einen Weg, auf dem kein Unkraut wüchse,
Ein Katzenpaar, das keinen Vogel frißt.

Ein Pulver auch, mit dem bestreut alsbald
Blattläuse sich in Rosenflor verwandeln,
Robinien jedoch zum Palmenwald,
Mit dessen Ernte wir gewinnreich handeln.

O Fee, und mache daß uns Wasser flösse
An jedem Ort, den wir bepflanzt, besät;
Gib uns Spinat, der nie in Blüten schösse
Und einen Schubkarrn, der von selber geht!

Und Eines noch: ein sicheres Mäusegift,
Den Wetterzauber gegen Hageltücken,
Vom Stall zum Hause einen kleinen Lift,
Und jeden Abend einen neuen Rücken.

Hermann Hesse

Hausgärtlein im Spätherbst

Dunkelrote Rüben, Kohl und Möhren
An des Gärtleins ausgetretnen Kehren.

Bohnenblätter, angewelkte Schoten,
Hier am Zaun dem Frühreif freigeboten.

Einzig noch die Aster steht im Staate
Drüben in dem Tiefgrün der Salate.

Stolzer doch aus schwarzer Beete Krume
Hebt am Weglein sich die Sonnenblume.

Schnurrend in des Schlafbehagens Wonne
Eine Katze liegt dort in der Sonne.

Nesseln, Kletten rings in jeder Ecke,
Dort am Fenster Balsaminenstöcke.

Frommer Glanz von traulich stillen Wonnen
In das kleine Gärtlein ist versponnen.

Christian Wagner

Calw

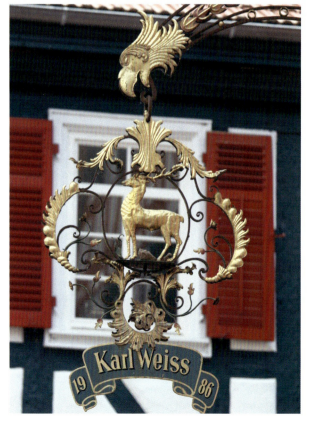

Wanderer im Schnee

Mitternacht schlägt eine Uhr im Tal,
Mond am Himmel wandert kalt und kahl.

Unterwegs im Schnee und Mondenschein
Geh mit meinem Schatten ich allein.

Wieviel Wege ging ich frühlingsgrün,
Wieviel Sommersonnen sah ich glühn!

Müde ist mein Schritt und grau mein Haar,
Niemand kennt mich mehr, wie einst ich war.

Müde bleibt mein dürrer Schatten stehn –
Einmal muß die Fahrt zu Ende gehn.

Traum, der durch die bunte Welt mich zog,
Weicht von mir. Ich weiß nun, daß er log.

Eine Uhr im Tal schlägt Mitternacht,
O wie kalt der Mond dort oben lacht!

Schnee, wie kühl umfängst du Stirn und Brust!
Holder ist der Tod, als ich gewußt.

Hermann Hesse

Der erste Wintermorgen – Auf den Winter 1868

Wie schön bist du, o Winter ! Mir vor allen
Gegrüßt, geliebt, wann du mit wilder Hast
Der weiten Schöpfung laubbekränzte Hallen
Umwandelst zum Kristallpalast.

Ergraut wars Feld, umflort der Abendhimmel,
Das Wiesental verschwamm zum Nebelmeer,
Da schwirrten Nachts in wogendem Gewimmel
Mir weiße Flocken an das Fenster her.

Und Morgens sah ich, als dort matt im Osten
Die Sonne stieg, des Winters Silberflur,
Ein weißes Feld, auf welchem Blumen sprossten;
Doch lauter tote, Eisesblumen nur.

Christian Wagner

Die Welt und das Leben zu lieben, auch unter Qualen zu lieben, jedem SONNENSTRAHL dankbar offenzustehen und auch im Leid das Lächeln nicht ganz zu verlernen.

Hermann Hesse

Ein Materialist ist ein Mensch, der die Schönheit des STERNENHIMMELS durch das Zählen der Sterne erfassen zu können glaubt.

Christian Wagner

Calw

Die Marmorskulptur „Stufen" am Nagolduferweg hat Wolf-Stefan Reiser zum 125-jährigen Hermann-Hesse-Jubiläum in Anlehnung an Hesses Gedicht *Stufen* geschaffen. Zwei Zeilen aus dem Gedicht sind in die Skulptur eingemeißelt: „Und jedem Anfang wohnt ein Zauber inne" sowie „Wir sollen heiter Raum um Raum durchschreiten."

René Dantes hat die drei Meter hohe Skulptur aus Edelstahl und Holz geschaffen, die ebenfalls am 16. August 2002 enthüllt wurde. Das Werk ist Hesses Gedicht *Weg nach Innen* gewidmet:

„Wer den Weg nach innen fand,
Wer in glühndem Sichversenken
Je der Weisheit Kern geahnt,
Daß sein Sinn sich Gott und Welt
Nur als Bild und Gleichnis wähle:
Ihm wird jedes Tun und Denken
Zwiegespräch mit seiner eignen Seele,
Welche Welt und Gott enthält."

Warmbronn

Vor dem Christian-Wagner-Haus in Warmbronn steht die Skulptur „Der Würfel in Entfaltung" des Bildhauers Max Schmitz. Die Lineamente, Flächen und Würfel der Skulptur haben jeweils die gleiche Masse. Den analytisch denkenden Warmbronner Künstler interessiert, in welch unterschiedliche Formen ein und dieselbe Masse schlüpfen kann.

Die Stahl-Skulptur „Großer Parabelkopf" der Warmbronner Künstlerin Ingrid Dahn vor dem evangelischen Gemeindehaus Warmbronn. Der Parabelkopf ist ein zeichenhaft reduzierter menschlicher Kopf. Die Parabel, die sich kontinuierlich im Raum fortsetzt, steht hier als Zeichen für die Erweiterung der geistig-sinnlichen Fähigkeiten des Menschen.

Meine Entdeckung

Karl Kollmann
Der gebürtige Stuttgarter ist promovierter Maschinenbauer, Träger der Landesehrennadel und Mitbegründer der Christian-Wagner-Gesellschaft. Von 1975 bis 2011 war er ihr 1. Vorsitzender.

Meine erste „Begegnung" mit Christian Wagner verdanke ich Theodor Heuss, von dem Anfang der Sechziger Jahre ein Essay-Band mit dem Titel „Vor der Bücherwand" erschien, in dem seine Würdigungen europäischer Geistesgrößen zusammengetragen waren, die er anlässlich ihrer Gedenktage verfasst hatte. Darunter beeindruckte mich sein Beitrag zum 100. Geburtstag Wagners aus dem Jahre 1935 in ganz besonderer Weise, obwohl mir dessen Lebensort Warmbronn damals noch völlig unbekannt war. Der Hinweis, „Dieser Christian Wagner, der am 5. August 1835 geboren wurde und am 15. Februar 1918 starb, bildet ein des Nachdenkens wohl wertes Kapitel deutscher Sozial- und Geistesgeschichte", hat sich bei mir besonders eingeprägt.

Und als es meine Familie Anfang der Siebziger Jahre dann nach Warmbronn verschlug, fiel es mir wie Schuppen von den Augen, als der Warmbronner Gemeinderat beschloss, das leider sehr verkommene Geburtshaus eben dieses Dichters abzureißen und durch einen Supermarkt zu ersetzen. Da lag es nahe, sich dem dagegen aufkommenden Protest einiger Warmbronner Bürger anzuschließen. Diese taten sich zusammen und gründeten 1972 die Christian-Wagner-Gesellschaft, die sich zur Aufgabe machte, das Dichterhaus zu retten und das dichterische Werk Wagners dem Vergessen zu entreißen.

Nur das Denken, das wir leben, hat einen Wert.

Hermann Hesse

Ein erster neuer Gedichtband, von Ulrich Keicher herausgegeben, konnte bereits 1973 erscheinen. Er erschloss auch mir besonders nachdrücklich den geistigen Hintergrund von Christian Wagners Dichtung, die in damals visionärer Weise den Gedanken „von der möglichsten Scho-

Christian Wagners

nung alles Lebendigen" proklamierte und damit eine fesselnde Gedankenwelt offen legte, die einen nicht mehr losließ.

Christian Wagner hatte damit zu Lebzeiten bereits eine große Zahl von bekannten Geistesgrößen der literarischen Welt auf sich aufmerksam gemacht, zu denen an vorderster Front Hermann Hesse gehörte, mit dem Wagner eine lebenslange Freundschaft verband, die sich auch in einem umfangreichen Briefwechsel niederschlug. Er fand dadurch auch einen wichtigen Gesprächspartner, mit dem er seine tief gründenden Gedanken zum Thema Wiedergeburt austauschen konnte. Eine Episode am Rande: Diese Beziehung führte dazu, dass Wagners jüngste Tochter Luise bei Hermann Hesse in Gaienhofen eine Zeit lang den Haushalt führte.

Unsere Bemühungen um die Erhaltung des Dichterhauses entwickelten sich zu einem zehnjährigen erbitterten Kampf, der glücklicherweise 1983 mit dem endgültigen Beschluss des Leonberger Gemeinderates endete, die Renovierung in Angriff zu nehmen.

Mit einer ergreifenden Festrede von Albrecht Goes unter dem Titel „Prophetie" konnte das Haus am 14. Oktober 1983 wieder der Öffentlichkeit übergeben werden. Die Christian-Wagner-Gesellschaft hat sich verpflichtet, das Haus mit Leben zu füllen.

Seitdem konnte es sich zu einem kleinen, aber viel beachteten Kulturzentrum für Warmbronn entwickeln. Ich empfinde es als großes persönliches Glück, dass ich als langjähriger Erster Vorsitzender der Christian-Wagner-Gesellschaft daran mitwirken durfte.

„Wann Katz und Huhn ihr Köpfchen an mir reiben,
das macht mich stolzer als ein Kaiserschreiben."

Christian Wagner

Hermann Hesses und Christian

Meine Zuneigung zu Hermann Hesse und Christian Wagner begann unabhängig voneinander. Zuerst wurde ich in den 1960er-Jahren auf Hermann Hesse aufmerksam – was kein Wunder war, da ich in seiner Geburtsstadt Calw aufs Gymnasium ging, als dieses nach langen Querelen endlich nach ihm benannt wurde. Das bedeutete freilich nicht, dass ich dort viel über ihn erfuhr, aber es ließ mich gerade deswegen neugierig auf ihn werden, sodass ich sein Leben und Werk eigenständig zu erforschen begann.

Der Sachverhalt, dass der „Prophet im eigenen Lande" – beziehungsweise der Dichter im eigenen Ort – „oft nicht viel gilt", wurde mir damals bekannt, ohne dass ich noch wusste, dass es einem anderen Dichter, nur einen Tagesmarsch von Calw entfernt, nicht anders ergangen war.

Christian Wagner kam mir besonders durch den 1985 im Südwestfernsehen ausgestrahlten Film „Das verlorene Paradies. Portrait Christian Wagner" von Norbert Beilharz in den Blick. Dieser Film, teils in Wagners zur Vorstadt mutiertem Heimatort Warmbronn gedreht, teils auch in der verschwindenden bäuerlichen Kultur meines heimatlichen Nordschwarzwalds, sprach an, was schon Christian Wagner und Hermann Hesse auf der Seele lag, und was uns heute in potenziertem Maße aufgebürdet ist: nämlich das Erleben und Erleiden des Ausverkauf der Heimat als Spekulationsfeld für Bauplätze und Industriegebiete im Namen eines maßlosen „Fortschritts"-Glaubens.

Beide Dichter ängstigte die Frage, wohin die Menschheit fortschreite, wenn alle Natur und alles Leben auf Erden nur noch zur skrupellos benutzten Verfügungsmasse für die Zwecke der Menschenwelt wird.

Wagners Seelenverwandtschaft

„Dir wieder zu deinem Rechte zu helfen, du arme, entgeistigte und entgötterte Flur", wollte der Warmbronner Dichter und forderte „Schonung alles Lebendigen" sowie „werkthätiges Erbarmen". Und wurde dafür von seiner Umgebung als lebensuntüchtiger Spintisierer angesehen. – Nicht viel anders erging es Hermann Hesse als er schrieb, „dass der zivilisierte Mensch allmählich die ganze Erde in eine langweilige und blutlose Anstalt aus Zement und Blech verwandelt" und fragte, „ob wirklich der Mensch eine Höchstleistung der Natur darstelle, ob seine Kultur etwas anderes sei als eine arge Versündigung an der Mutter Natur."

Es verwunderte mich keinen Moment, als ich hörte und las, dass Hesse und Wagner in Kontakt miteinander gewesen waren. Sie hatten ein großes existentielles Thema gemeinsam. Wobei Hesse bewunderte, wie Wagner das Thema in seiner von vielen Nöten geplagten bäuerlichen Welt zu entfalten wagte, und Wagner schätzte, dass der renommierte Schriftsteller Hesse der Natur besonders verbunden blieb.

Durch das Thema der Natur und der Bedrohung durch die Zivilisation hat ihrer beider Werk eine Präsenz, die nicht abnimmt, sondern beständig aktualisiert wird. Zudem lohnt es sich bei ihnen besonders, sich mit ihrer Lebenseinstellung und ihrem Lebensgang zu beschäftigen. Beide sind Vorläufer der wachsenden Bewegung, welche die Erde als ein Haus betrachtet, das behutsam gepflegt werden muss, um es als Lebensgrundlage zu bewahren.

Es ist deshalb keine Frage, dass man sich heute noch mit Wagner und Hesse beschäftigen und ihr Werk lesen kann, ja muss. Und es ist auch keine Frage, dass derjenige, der Hesse liebt, auch den unbekannteren Christian Wagner achten und lieben wird, sobald er ihn entdeckt.

*Herbert Schnierle-Lutz
Der Literaturwissenschaftler und Verlagslektor gestaltet freiberuflich die Hesse-Arbeit in Calw mit. Er hat 2003 den „Gerbersauer Lesesommer" konzipiert, bei dem jedes Jahr musikalisch umrahmt aus Hesses „Gerbersauer" Erzählungen gelesen wird.*

Calw

Hermann-Hesse-Geburtshaus

1692 ist das Geburtshaus von Hermann Hesse am Marktplatz 6 von Johann Conrad Moseter erbaut worden. Fünf Jahre später zog hier ein Händler ein. Bis heute ist das auch als Haus Schaber bekannte Gebäude, das gegenüber dem Rathaus (unten links) steht, ein Handelshaus geblieben. Die Familie Hesse wohnte von 1874 bis 1881 im 2. Stock. In dem unten in der Mitte abgebildeten Raum ist Hermann Hesse am 2. Juli 1877 geboren.

Warmbronn

Christian-Wagner-Haus

Das Christian-Wagner-Haus ist 1983 nach seiner Renovierung als Museum und Gedenkstätte für den Dichter eingeweiht worden. Im Erdgeschoss sind die Dichterstube und die Schlafkammer mit den Originalmöbeln Wagners zu sehen, im 1. Stockwerk Originaldokumente und -briefe. Ein Teil der Ausstellung ist dem Thema „Das Dorf des Dichters, Warmbronn im 19. Jahrhundert" gewidmet. Eine weitere Modernisierung soll Anfang 2018 zum 100. Todestag von Christian Wagner fertiggestellt sein.

Was wäre wenn…

Gustav Kraut, Vincent John, Eisenhart von Loeper Harald Hepfer, Karl Kollmann, Erwin Scheuerle und Frei Otto nicht nach Warmbronn gekommen wären?
Dann gäbe es…
das Christian-Wagner-Haus nicht, die Christian-Wagner-Gesellschaft nicht, Frei Ottos Christian-Wagner-Brunnen nicht, den Christian-Wagner-Dichterpfad nicht, viele Publikationen zum Werk nicht.
Darüber hinaus sollte man Impulse von…
Robert Ackermann, Albrecht Goes, HAP Grieshaber, Kurt Kindler, Margarete Hannsmann, Otto Heuschele, Ulrich Keicher, Armin Ströher und Bruno Wagner
…nicht vergessen.

Der Ortschaftsrat hatte den Abriss des Hauses schon beschlossen....

Zwei Plastiken des Bildhauers Max Schmitz: Das Werk links ist Christian Wagner gewidmet, jenes rechts Hermann Hesse. Die jeweiligen Initialen der beiden Dichter sind gut zu erkennen.

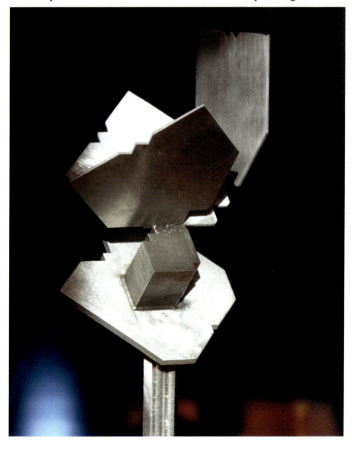
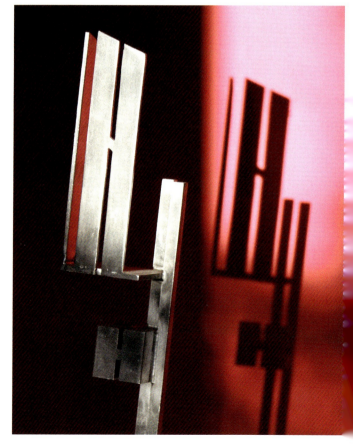

Max Schmitz
Der Künstler hat die Kunstakademie Karlsruhe besucht und Bildhauerei bei Rudolf Hoflehner an der Staatlichen Akademie der Bildenden Künste Stuttgart sowie Politologie bei Golo Mann an der TH Stuttgart studiert. Einige seiner Werke sind auch in Leonberg zu sehen.

Max Schmitz, Bildhauer aus Warmbronn, gesellt sich mit seiner Hermann-Hesse-Plastik auf der Calwer Nikolausbrücke zur bronzenen Hermann-Hesse-Skulptur von Kurt Tassotti, die am 8. Juni 2001 enthüllt wurde.

Calw

Hermann-Hesse-Plastik auf der Calwer Nikolausbrücke

Robert Minder schreibt über Christian Wagner: „Die Kanonen donnerten von den Vogesen, als er zu Grabe getragen wurde - er, der lange vor Schweitzer und ganz intuitiv aus der Reinheit des Gewissens heraus die Ehrfurcht vor dem Leben - auch vor dem Leben der kleinsten Kreatur - als oberstes Gebot aufgestellt hat." Minder schreibt weiter, dass Hermann Hesse bemerkt habe, dass niemand den indischen Denkern spontan so nahegekommen sei „wie dieser ganz in sich versponnene und doch dem Weltgeheimnis des Schmerzes und der Freude nachspürende alemannische Dichter."

Robert Minder (1965)
in: Oberrheinische Dichtung gestern und heute

Nicht, daß man Christian Wagner zu den Dichtern und Philosophen seiner Zeit hinaufloben mußte. Er ging in härteren Schuhen und ist, außer Hesse, keinem von ihnen begegnet, er war, wie gesagt, ein Kapitel für sich. Doch was er in kärglicher Abgeschiedenheit aus der Dorfluft griff, und wie sich sein Trachten und Dichten unbewußt mit dem ihrigen berührte, ihnen in manchem sogar voranflog: das ist, wenn auch unzeitgemäß, in der Tat eines Nachdenkens wert.

Werner Dürrson (1968)
aus: Christian Wagner - Eine Welt von einem Namenlosen. Wallstein Verlag

Warmbronn

Christian Wagners Grabstein auf dem Warmbronner Friedhof.

„Ha!" Christian Wagner

Schon im ersten Buch Christian Wagners, in *Märchenerzähler, Bramine und Seher* (1885) stoßen wir wiederholt auf dieses „**Ha!**". Dem Leser und Hörer verschafft es eine Pause, Zeit zum Ein- und Ausatmen, zum Luftholen, zum Nachdenken und es verstärkt die rhythmische Spannung. Auch in späteren Texten entdecken wir das „**Ha!**". So im Erstdruck des Gedichts *Syringen* in den *Blätter des Schwäbischen Albvereins* (XV. Jahrgang 1903) und 1909 in dem Buch *Späte Garben*.

Syringen

Fast überirdisch dünkt mich euer Grüßen,
Syringen ihr, mit eurem Duft, dem Süßen.

Nach Geisterweise weiß ich euch zu werten:
Ein Duftgesang er ist mir's von Verklärten.

Gott, wie ich doch in dieser blauen Kühle
Der Blumenwolke hier mich wohlig fühle!

Süß heimlich ahnend was hineinverwoben;
Wie fühl' ich mich so frei, so stolz gehoben!

Ha, bin ich's selbst dess einstig Erdenwesen
Nun auch einmal zu solchem Glanz genesen?

Sind's meine Lieben, die, ach längst begraben,
In diesen Düften Fühlung mit mir haben?

(Aus: Christian Wagner: Späte Garben,
München und Leipzig bei Georg Müller, 1909, Seite 6).

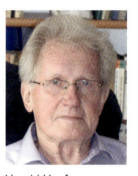

Harald Hepfer
Der frühere Lehrer, Schulleiter, Redaktionsleiter und Lehrbeauftragte ist vielseitig ehrenamtlich engagiert. Er ist Mitherausgeber der Buchreihe „Warmbronner Anstöße".

„Ha!"
Zum Verhältnis „Hermann Hesse und Christian Wagner" referierte Ulrich Keicher beim 2. Internationalen Hermann-Hesse-Kolloquium 1982 in Calw „Hermann Hesse und seine literarischen Zeitgenossen". Das Referat erschien in der Jahresschrift 1982 der Christian-Wagner-Gesellschaft.

Die Ausstellungen in Warmbronn und Gaienhofen, Zeitungs- und Zeitschriftenartikel, das Vorwort zu *Gedichte von Christian Wagner – Ausgewählt von Hermann Hesse* und vor allem ein umfangreicher Briefwechsel - veröffentlicht in *Ulrich Keicher: Eine Welt von einem Namenlosen* – spiegeln das Verhältnis der beiden Dichter.

Hermann Hesse gehörte zusammen mit Wilhelm Schäfer und Wilhelm Schmidtbonn zum vorschlagenden Kuratorium für den Preis des „Frauenbundes zur Ehrung rheinländischer Dichtung". Wagner erhielt 1912 diesen Preis. Mit dem Preis verbunden war die Publikation eines Werkes des

Preisträgers. So entstand das Buch *Gedichte von Christian Wagner – Ausgewählt von Hermann Hesse.*

Wagner war über den Preis, die Ehrengabe von 2000 Mark und die Ankündigung „Der Frauenbund (...) gibt eine Sammlung aus Ihren Dichtungen mit einem Geleitwort von Hermann Hesse in besonders schön ausgestatteter Ausgabe für alle seine Mitglieder, etwa 1100 heraus" überglücklich. Er war überrascht, überwältigt von der Geldsumme und der künftigen Zusammenarbeit mit dem bekannten, 42 Jahre jüngeren Dichter. Wagner beschaffte das Einverständnis seiner bisherigen Verleger für das Vorhaben und teilte Hesse mit: „Und da ich nun die Angelegenheit in so guten Händen weiß, kann ich nur sagen: Tun Sie, was Ihnen für gut dünkt! Wählen Sie aus, was Sie für gut, für gelungen halten!" Hesse sandte Wagner das Manuskript für die Ausgabe zu - mit dem Gedicht *Syringen* - und schreibt:

„Meine Änderungen bestehen, soweit ich das schon sagen kann, in der Wahl einiger Überschriften und in einigen Auslassungen, ich nehme zum Beispiel aus den Sonntagsgängen von manchen Gedichten nur einige Verse heraus, da ja in meiner Auswahl der verbindende Prosatext fehlen wird. Auch möchte ich da oder dort, wo ich kleine Störungen finde, ein Wort umstellen oder ändern; sehr viel wird das nicht ausmachen." Wagner war informiert und gewarnt. Hesse fordert Wagner auch auf, Korrektur zu lesen und mahnt: „Als Herausgeber muss ich darauf bestehen, dass alles möglichst in der von mir gewählten Fassung bleibe, ich bitte Sie da um Nachsicht und Vollmacht, auch wenn hie und da unsre Auffassungen auseinander gehen sollten."

Süß heimlich ahnend, was hinein verwoben,
Wie fühl ich mich so frei, so stolz gehoben!

Bin ich es selbst, des einstig Erdenwesen
Nun auch einmal zu solchem Glanz genesen?

Sind's meine Lieben, die, ach längst begraben,
In diesen Düften Fühlung mit mir haben?

Wagner freute sich über das Buch, die Auswahl, die gelungene Ausstattung mit Seideneinband und dankte Hesse mehrmals. Doch was ist passiert? In der 4. Zeile bügelt Hesse den Rhythmus platt und im 5. Vers streicht er das „Ha", nimmt die Spannung und den Klang heraus, kein Staunen und kein Atemholen mehr. **Ha!"**

Briefwechsel
Christian Wagner – Hermann Hesse

Hermann Hesse und Christian Wagner haben sich von 1909 bis 1915 vielfach in Briefen und Karten ausgetauscht. Wir zitieren Ausschnitte aus dem Briefwechsel, in der Hauptsache Textstellen, in denen es um Hesses Unterstützung bei der Herausgabe eines Wagner-Gedichtbandes geht: 1912 verlieh der Frauenbund zur Ehrung rheinländischer Dichter Christian Wagner den Ehrenpreis von 2000 Mark und ließ eine von Hesse besorgte Auswahl von Gedichten Wagners bei Georg Müller in München in einer Auflage von 1200 Stück drucken.

In ihrer Korrespondenz tauschen Hesse und Wagner sich aber auch über ihre Familien aus, über Gesundheitsprobleme, geplante Reisen, die Schrecken des Ersten Weltkriegs und vieles mehr.

Wir haben Orthografie und Zeichensetzung der Korrespondenz so übernommen, wie wir sie im von Friedrich Pfäfflin herausgegebenen Beiheft zum „Marbacher Magazin" 6/1977 vorgefunden haben, haben aber statt der Oberstriche über einzelnen Konsonanten diese verdoppelt.

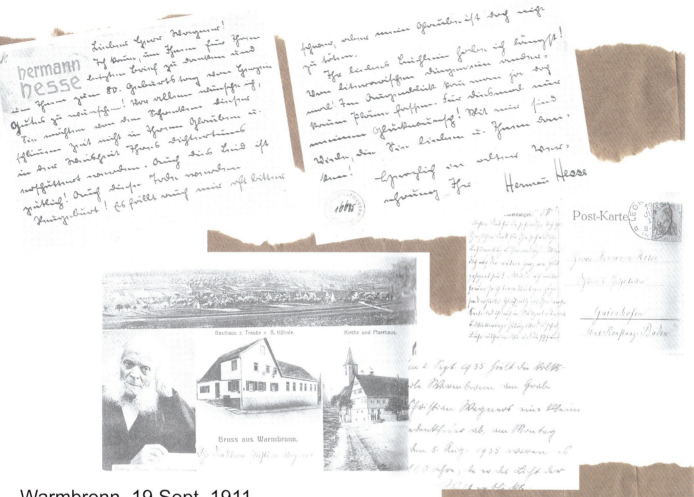

Warmbronn, 19 Sept. 1911.
Lieber, hochgeschätzter Herr Hesse!
Ich habe schon lange nichts mehr von Ihnen gehört. Wohl natürlich in meinem abgelegenen Warmbronn, wo man geradezu zu den Verschollenen zu rechnen ist, wenn man nicht ab u. zu ein Lebenszeichen von sich giebt. Und das gerade möchte ich in nächster Zeit thun: Ich suche einen Verleger für mein jüngstes Büchlein: Aus der Heimath….

Ich thue schwer, unsagbar schwer, bis ich einen Verleger finde, u. zwar darum, weil ich auf keiner Akademie gewesen bin. – Weiteres wissen sie nichts von mir. – So Kinderlieder, Knittelverse u. derartiges würden sie mir schon gönnen, mir wohl gar behilflich sein, - aber daß ein Bauer sich anmaßt Sonette zu schreiben, in Hexametern zu dichten, - das grenzt an Gotteslästerung. – Was rathen Sie mir? - …
Ihr ergeb. Christian Wagner.

Warmbronn 28 Febr 1912.
Lieber geehrter Herr Hesse!

Wie hat mich doch Ihre so werthvolle Nachricht heut erfreut! … O wie freue ich mich daß Sie die Güte haben wollen die Sache in die Hand zu nehmen, denn hiezu fehlt mir die richtige Befähigung vollständig. – Und da ich nun die Angelegenheit in so guten Händen weiß, kann ich nur sagen: Thun Sie was Ihnen für gut dünkt! Wählen Sie aus was Sie für gut, für gelungen halten! Selbstverständlich werde ich sonst Niemand Befugnisse u. Rechte über meine Büchlein einräumen….
Ihr ergeb. dankbarer Christian Wagner – Warmbronn

Gaienhofen 14 Mai 1912.
Verehrter lieber Herr Wagner!

Ich hoffe, Sie haben Ihre Bücher wieder erhalten. … Ich habe nemlich den Versuch gemacht Ihnen damit eine kleine Ueberraschung zu bereiten. Ich wandte mich an den rheinischen „Frauenbund zur Ehrung deutscher Dichter" u. habe Hoffnung daß Sie dort den dießjährigen Ehrenpreis erhalten werden. Sicher ist es noch nicht, aber es hat Aussichten, u. die Entscheidung fällt in etwa 5 bis 6 Wochen. Der Preis selbst den der Frauenbund giebt u. dafür die erste Auflage des Büchlens übernimmt, ist nicht eben groß, doch ergiebt es immerhin, denke ich, gegen tausend Mark, u. außerdem würde das Buch dann sehr hübsch gedruckt u. wäre gleich gut eingeführt. ….
Herzlich grüßt Sie Ihr Hermann Hesse.

(Undatiert)
Verehrter Herr Wagner!

Danke schön für Ihre rasche liebe Antwort. … Hier ist das Manuscript des Buches, wie ich es mir ungefähr denke. … Ueber die paar kleinen Wortänderungen, die ich versuchsweise vorgenommen habe, bitte mir ganz offen Ihre Meinung zu sagen. …
Ihr herzlich ergebener H. Hesse

Warmbronn 21 Mai 1912.
Lieber u. geehrter Herr Hesse!

Ich danke Ihnen viel, vielmal für die große Mühe die Sie sich meinetwegen geben u. bin hoch erfreut daß die Sache so weit gediehen ist, denn die Auswahl ist gut u. ganz nach meinem Sinne. … Nach Wahrheit gesprochen wäre es eine gerechte Sache wenn meine Gedanken sich auch einmal zu Silber oder Gold verdichten würden, ich könnte es sehr gut brauchen. Es ist eine wahre Schande wie wenig mir meine gesammten Büchlein schon eingetragen haben. - Ists bei Andern auch so? – Weiß nicht wo der Fehler steckt. Mache ja geringe Ansprüche ans Leben. - …
Herzlichst grüßt Ihr ergebener, dankbarer Christian Wagner – Warmbronn

(Postkarte, Poststempel: Gaienhofen 17.6.12)
Die Schlacht ist geschlagen. Die Ehrengabe des Frauenbundes ist Ihnen zugesprochen u. der Bund gibt die Auswahl heraus. Das Geld bekommen Sie etwa im September.
Ihr H. Hesse

(Postkarte, Poststempel: Gaienhofen 24 6.12)
Lieber Herr Wagner!

Vermutlich werden Sie schon ziemlich bald Correcturen Ihres neuen Buches erhalten. Dann bitte ich sie zu lesen und korrigiert an mich weiter zu schicken! Bei kleinen Textkorrecturen, die ich mir erlaubt habe, bitte ich mir Freiheit aus, im Uebrigen richte ich mich gern nach Ihren Correcturen.
In Eile grüßend Ihr H. Hesse

(undatiert)
Lieber Herr Wagner!

Ich kam bisher nicht dazu Ihnen zu schreiben, ich bin so vielseitig von Arbeit und Sorgen gehetzt, daß ich nur das Notwendigste tun kann. Sobald der Druck beginnt, sollen Sie Correcturen erhalten, die Sie dann aber mir, nicht dem Drucker weiterschicken müssen. Als Herausgeber muß ich darauf bestehen, daß alles möglichst in der von mir gewählten Fassung bleibe, ich bitte Sie da um Nachsicht und Vollmacht, auch wenn hie und da unsre Auffassungen auseinandergehen sollten. …
Es grüßt Sie vielmals mit den besten Wünschen Ihr H. Hesse

Warmbronn, 16 Okt. 1912.
Lieber, geehrter Herr Hesse!

Zum „Wievieltenmale" so heut auch wieder las ich im Stuttgarter Tagblatt den Abschnitt aus Ihrem asiatischen Reisetagbuch. … Letzte Woche bin ich von Düren aus, von der Dürener Bank mit der vom Rheinländischen Frauenbund so großmüthigen reichen Spende, Ehrengabe von M. 2000 erfreut worden. Das verdanke ich Ihnen, rein Ihnen. Immer u. immer wieder u. wieder tausendfachen Dank hiefür! - Ich habe noch nie in meinem Leben so viel Geld beieinander ge-

sehen, noch weniger gehabt! - …
Ihr ergeb. dankbarer Christian Wagner - Warmbronn

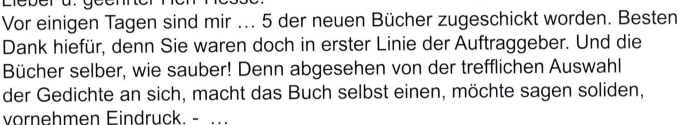

Warmbronn 9. Dez. 1912.
Lieber u. geehrter Herr Hesse!
Vor einigen Tagen sind mir … 5 der neuen Bücher zugeschickt worden. Besten Dank hiefür, denn Sie waren doch in erster Linie der Auftraggeber. Und die Bücher selber, wie sauber! Denn abgesehen von der trefflichen Auswahl der Gedichte an sich, macht das Buch selbst einen, möchte sagen soliden, vornehmen Eindruck. - …
Ihr dankbarer Christian Wagner – Warmbronn

Bern den 29. Juli 1914
Lieber, verehrter Herr Wagner!

Danke vielmal für Ihren lieben Brief! Er traf mich bei der Rückkehr von einer süddeutschen Reise, auf der ich Ihnen so nahe war, daß ich Sie ums Haar besucht hätte. … Mit der Auswahl Ihrer Gedichte, die ich damals herausgegeben habe, haben wir ja keinen allzu auffallenden Erfolg gefunden, was bei lyrischen Büchern ja auch selten ist. Aber es haben mir seither doch viele feine und edle Menschen, die darin gelesen hatten, dankbare und verehrende Worte über Ihre schönen Lieder gesagt, und einige dieser lieben Verse kann ich niemand vorlesen, ohne daß man erstaunt und ergriffen aufschaut. Und so wirkt manches, was wir heut nicht wissen, in der Stille weiter, und es geht von Ihren Werken, die äußerlich zu wenig Glück gehabt haben, ein stetiger, sanfter Strom von Kraft und edler Wirkung aus. …
Ich weiß nicht, ob Sie je daran gegangen sind, Ihre Erinnerungen als eine Art Selbstbiographie aufzuschreiben? Falls Sie dies täten, einerlei in welcher Form, wären gewiß noch viele Ihnen dankbar.
Es grüßt Sie herzlich Ihr getreuer Hermann Hesse

Warmbronn

Der Natur eine Stimme geben: Hermann Hesse und Christian Wagner

Meine Verbindung zu Christian Wagner ist erst eine Dekade alt: Nachdem ich 2003 Hermann und Mia Hesses Haus hier in Gaienhofen am Bodensee übernommen hatte, um es vor dem drohenden Abriss zu bewahren, schärfte ich meinen Blick für die Bewohner, aber auch für die Zeitgenossen der Familie Hesse. Ich wollte herausfinden, wer in diesem schönen, damals seltsamen Haus zu Besuch war, und es dauerte nicht lange, da stieß ich auf Wagners Tochter Luise, die einer alten preußischen Tradition folgend hier im Haus Hesse bei freier Kost und Logis in Stellung ging. Damit war sie eins der sieben Hausmädchen, die Frau Hesse bei der Haushaltsführung zwischen 1907 bis 1912 unterstützten.

Über diese Brücke begann ich mich neugierig auf die Suche nach ihrem Elternhaus zu machen und fand zunächst die Briefe von Hermann Hesse an den Warmbronner Dichter. In einer Publikation der Wagner-Gesellschaft studierte ich dann lange ein Foto des greisen Landmannes aus Warmbronn mit seinem altertümlichen weißen Backenbart im gegerbten Gesicht, dem gutmütigen Gesichtsausdruck und den Händen, die von körperlich schwerer Arbeit sprachen. Beim Lesen des Nachrufs von Hesse auf Wagner aus dem Jahre 1918 spürte ich Hesses verehrende Haltung dem Mann gegenüber, der vergleichsweise reicher an Erfahrung war.

Wagner hatte sich 1912 sogar auf den Weg zu Hesse gemacht. Hesse beschreibt in einem Brief an Wagner vom August 1915 diesen letzten Besuch in Gaienhofen. Beim Abschied begleitete Hesse ihn durch den Wald Richtung Radolfzell und den Bahnhof und schreibt ihm später: „Ich weiß noch, wie ich Ihre kurzen raschen Schritte, die Schritte eines Wanderers, der nichts vom Alter weiß, hügelabwärts in den Wald hinein verklingen hörte. Ich dachte dabei an Ihre Wachsamkeit, an Ihr feines Ohr, an Ihre seltsame Empfindlichkeit für die kleinen wirren Stimmen der Natur...."

Ja, das zeichnete Wagner aus: Das Ohr für die Natur, das Leben mit ihr. Ich kenne den alten Hohlweg von damals,

Eva Eberwein
2. Vorsitzende des Fördervereins Hermann-Hesse-Haus und -Garten. Die Biologin hat 2003 ihren Beruf als Unternehmensberaterin und Leiterin eines Forschungslabors an den Nagel gehängt, um den Hesse-Garten in Gaienhofen vor dem Untergang zu bewahren. Darüber hat sie ein preisgekröntes Gartenbuch geschrieben.

der nach Radolfzell führte, heute fast zugewachsen ist und schon lange kein Verbindungsweg mehr ist. Doch die tiefe Schlucht des Wegverlaufs spricht von der uralten Nutzung, von der Auswaschung, von den Karrenrädern, von den Füßen der Wanderer und ich stelle mir den drahtigen erfahrenen Wagner vor, wie er festen Schrittes, ohne müde zu werden, den Weg geht und wie der noch junge Hermann Hesse ihm nachdenklich nachschaut.

Irgendwann begann ich zu lesen, was und wie Christian Wagner geschrieben hatte, um besser zu verstehen, was die beiden verband, den jungen Dichter Hesse und den schon betagten Christian Wagner, der in erster Hinsicht Kleinbauer war und schließlich auch Schriftsteller. Das Erkennen, Achten und Bewahren dessen, was das Leben ausmacht: ganz gleich, ob es Mensch, Pflanze oder Tier ist, das ist eine der Facetten, die den jungen Hesse beeindruckte. Diese Haltung wurde zum nährenden Humus in Wagners Werk. Diese achtsame Haltung gegenüber der Natur ist es, die mich als Biologin anspricht. Das ist meine Verbindungsebene sowohl zu Christian Wagner als auch zu Hermann Hesse.

Ich las Wagners *Sonntagsgänge*, fand dort die Blumen seiner Zeit, die Syringen (der alte Name für Flieder), die Pulsatillen (Küchenschellen), die Nachtviolen und viele andere mehr als märchenhafte poetische Betrachtungen, gefasst in einem Rahmen von sonntäglichen Gängen. Neben dem Staunen, welche Gewächse es damals noch weit verbreitet gab, die heute bereits verschwunden sind, berührten mich die heute merkwürdig altmodisch anmutenden Betrachtungen der Naturbeobachtung in Sonntagsgängen.

Doch darf man nicht vergessen, dass früher der Sonntagsspaziergang durch Feld, Wald und Wiesen obligatorisch war. Die genaue Beobachtungsgabe für die Natur - für den Landmann Christian Wagner unabdingbar - war auch Hermann Hesse zu eigen, wenn auch aufgrund seiner hohen Empfindsamkeit und der damit verbundenen verschärften Beobachtungsgabe für alle Phänomene um ihn herum, und nicht, weil er ein Landmann war.

Ich las in Wagners Testament, dass er sich ausbedungen hatte, dass nach seinem Tod an seinem Haus die Vögel gefüttert werden sollten und der Garten als Refugium erhalten bleiben solle, wo er auch zu beerdigen sei. Später hat sich leider niemand mehr darum geschert, bis durch die Rettung des Hauses und eines schmalen Grünstücks dahinter nun wieder eine kleine Oase in Warmbronn entstehen konnte, wo auch die Vögel wieder Futter finden.

Dank liebevoller Pflege durch Ortrun Kollmann stehen da neben anderen schönen, bewährten alten Pflanzen auch die eigentümlich duftenden Nachtviolen und erinnern an den Naturfreund Wagner. Aus dem Warmbronner Garten erhielt ich die Samen, die Nachtviolen in Hesses Garten nach Gaienhofen

2003 sollte Hesses Haus in Gaienhofen abgerissen und der Garten überbaut werden. Gemeinsam mit ihrem Mann Bernd hat die Diplombiologin Eva Eberwein das Haus samt Grundstück gekauft. Seit 2009 steht der wieder zum Leben erweckte Garten nach Anmeldung Besuchern offen.

brachten, jenen Garten, der wieder auferstehen durfte. Und ich hoffe, dass die Violen aus Christian Wagners Gärtchen das Wissen der Erde von dort speichern und ich bin sicher, sie hätten dem jungen Gärtner Hermann Hesse hier gewiss Freude gemacht....

Immer, wenn ich zur abendlichen blauen Stunde im Frühsommer durch den Hesse-Garten gehe, denke ich beim schwülen Duft des fahl weißen Nachtblühers an die Freundschaft der ungleichen und doch im Sehen der Natur gleichen Dichter. Ich höre ihre mahnenden Stimmen zum Umgang mit der Natur, die heute von beklemmenderer Aktualität sind denn je. Doch das ist ein anderes Thema, das sich mit immer größer werdender Deutlichkeit abzeichnet.

Ortun Kollmann ist seit 25 Jahren die Hauptverantwortliche für die Pflege des Bauerngartens hinter dem Christian-Wagner-Haus. Hier wachsen Sonnenhut und Phlox, Akelei und Iris um die Wette. Dem einstigen Bewohner hätte gefallen, dass auch das Unkraut hier immer ein Weilchen geduldet wird.

Zufall – Schicksal – Karma?

Vor fast 40 Jahren kam ich aus Indien, Neu-Delhi, nach Deutschland in den kleinen Ort Warmbronn. Nach vielen Stationen, unter anderem in Tübingen und in Leonberg, bin ich nach Warmbronn zurückgekehrt. Dieser wunderschöne Ort ist seit mehr als 20 Jahren meine zweite Heimat. Und sie ist mir sehr ans Herz gewachsen.

Ist es nun Zufall, Schicksal oder Karma, dass ich in Warmbronn die beiden Dichter und Schriftsteller Christian Wagner und Hermann Hesse kennenlernen durfte? Vor vielen Jahren, als unsere Tochter in der Grundschule war, hat mir der Christian-Wagner-Kenner Harald Hepfer den Warmbronner Dichter nähergebracht und meine Faszination für ihn geweckt. Herr Hepfer machte mit den Grundschülern einen Spaziergang auf dem Christian-Wagner-Pfad, um ihnen einen Einblick in dessen Leben und Werk zu vermitteln. Ich habe sie damals mit meiner Kamera begleitet.

Hermann Hesse ist einer der Lieblingsautoren meiner schwäbischen Frau. Ihr Lieblingsbuch, Siddhartha, regt immer wieder zum Gedankenaustausch über westliche und östliche Philosophie an. Hesse und Wagner waren seelenverwandt. Ein Teil ihrer Seelenverwandtschaft beruht auf der Beschäftigung mit

Paramjeet S. Gill:
Der Fotograf und Grafiker ist in Indien geboren. Herausgeber mehrerer Bücher, engagierter Wambronner, ehrenamtlicher „Kümmerer". Mit seinen Büchern möchte er darauf aufmerksam machen, wie wichtig die Bewahrung der Natur und des Friedens sind.

Indien, mit dem Hinduismus und dem Buddhismus. Obwohl keiner der beiden selbst je in Indien war - Hesses „Indienreise" ging nach Sri Lanka, Malaysia und Sumatra -, ist östliche Philosophie ihren Gedanken doch sehr nahe.

Hermann Hesse hat nicht nur *Siddhartha* geschrieben, sein berühmtes Gedicht *Stufen* thematisiert den ewigen Kreislauf des Lebens, wie im berühmten indischen Buch *Bhagavad Gita* - das Heilige Buch der Hindus - beschrieben. Christian Wagners lyrisches Werk ist geprägt von einer Naturphilosophie, der Schonung alles Lebendigen. Er hat sich immer wieder aktiv für die Schwachen und Geächteten unserer Gesellschaft eingesetzt und den Naturschutz gepredigt. Nie gab er seine Kälber an den Metzger. Stattdessen kaufte er mit seinem letzten Geld einem Wirt drei Gän-

Christian Wagner

Hermann Hesse

se ab, die dieser zum Mästen verkaufen wollte. Sein Leben lang haben ihn seine Gänse begleitet.

Mich haben beide Dichter sehr berührt. Aus meinem Elternhaus - wir waren sieben Kinder - bringe ich die Achtung vor der Natur, den Respekt gegenüber allen Menschen und den Einsatz für Arme und Hilfsbedürftige mit. Meine Eltern hielten die hintere Türe zum Wasseranschluss immer offen, damit die Armen, die „Unberührbaren", die keinen Zugang zum Wasser hatten, sich bedienen konnten. Von meinem Vater habe ich gelernt, Pflanzen nachts nicht zu berühren, damit diese im Schlaf nicht gestört werden. Unsere Ernährung war vegetarisch und wir versuchten buchstäblich, „keiner Fliege etwas zuleide zu tun".

Vieles aus meiner Kindheit habe ich bei Hesse und Wagner wiedergefunden. Sie haben mir durch ihre Liebe zur Natur und zu allem Lebendigen viele weitere Impulse für meine Landschafts- und Naturfotografien gegeben.

„Sei mir gesegnet, du Land des Sonnscheins, freundliche Heimat!", schreibt Wagner. Seine Liebeserklärung an die Heimat kann ich nur unterschreiben - und zu meiner Heimat zähle ich nicht mehr nur Neu-Delhi und Warmbronn, sondern auch das zauberhafte Schwarzwaldstädtchen Calw.

Christian Wagners Ruf als Naturlyriker verbreitet sich zunehmend, nachdem 1885 *Märchenerzähler, Bramine und Seher,* 1893 die *Weihegeschenke,* 1894 *Neuer Glaube,* 1897 *Neue Dichtungen, Oswald und Klara* und *Herbstblumen* erscheinen. Die Welt beachtet ihn und begeisterte Leser wallfahren nach Warmbronn. Er unternimmt Reisen und ist 1900 zum ersten Mal in seinem Leben schuldenfrei.

Impressum

Gesamtkonzept: Paramjeet S. Gill,   Warmbronn, 2017   Alle Rechte vorbehalten

Texte: Barbara Bross-Winkler
Fotos: Paramjeet S. Gill,
(Foto: Seite 94, Eva Eberwein: © Hermann-Hesse-Haus)
(Foto: Seite 74 unten links, Stadt Calw)

Hermann-Hesse-Gedichte Quellenvermerk:
Hermann Hesse, Sämtliche Werke in 20 Bänden. Herausgegeben von Volker Michels.
Band 10: Die Gedichte. © Suhrkamp Verlag Frankfurt am Main 2002.
Alle Rechte bei und vorbehalten durch Suhrkamp Verlag Berlin.

Hermann-Hesse-Briefe und die Prosa-Zitate Quellenvermerk:
© Hermann Hesse. © Alle Rechte bei und vorbehalten durch Suhrkamp Verlag Berlin.
Umschlagfoto: © Gret Widmann/Suhrkamp Verlag
Christian-Wagner-Gesellschaft

Christian-Wagner-Gedichte Quellenvermerk:
Christian Wagner - Ein Stück Ewigkeitsleben, Eine Welt von einem Namenlosen

Druck: dpm Sindelfingen, Germany

ISBN: 978-3-938936-23-8

„Sei mir gesegnet, du Land des